大人の東京自然探検

森林・水辺・山・草原 etc.

吉田友和

エムディエヌコーポレーション

はじめに

四十七都道府県の中で、公園の数が最も多いのはどこか？

答えは——東京都だという。

へえそうなんだ、と驚いた。大都会のイメージがあったから意外だった。

実は身近なところに結構豊かな自然が存在するらしい。家にいる時間が増え、遠出もしにくくなった日々の中で、そのことが救いに感じられた。

これを好機とばかり、好奇心のおもむくままに都内の自然スポットを巡った。束の間の旅気分を味わいながら。ときには、癒しを求めて。

すると、灰色になりかけた目の前の風景が再び色づいてきた。遠出せずとも、不思議とストレスはたまらない。遠くに行かなくてもいい、とさえ思えてきた。

自然の中に身を置くと、興味のアンテナが開いていく。あれも見たい、これも知りたいと自分の中に次々と欲求が生まれてくる。目で見て、音を聞いて、触ってみて、匂いを感じる。結果、必ず何かしらの発見が得られる。

頭をよぎったのは少年時代の懐かしい記憶だ。服が汚れることも気にせず茂みに突入し、植物や昆虫と触れ合った日々。あの頃の探検心が再燃したかのようだった。『大人の自然探検』と名付けたのはそのためだ。旅ではないが、かといってただのお出かけなのかというと、もう少しスケールが大きい気がする。だから、探検。

とにかく、自分なりに東京の楽しみ方を一冊にまとめてみた。旅ができない旅人が導き出した一つの解決策である。前向きに楽しもうという願いを込めてお届けしたい。

目次

水辺に癒やされる公園 73

歴史にふれられる公園 105

自然探検こぼれ話

●掲載情報は取材時のものです。お出かけの際には事前にご確認ください。
●休園日が祝日にあたる場合は翌日が休園日になるケースがございます。
●常時開園と記載している場合も、サービスセンター等の施設は休業、また年末年始は休業のケースがございます。
●入園料は大人料金を掲載しています。年齢により割引や無料になるケースがございます。

住宅街の
すごい
公園

アイコンの見方

㊋ … 開園時間
㊡ … 休園日
㊎ … 入園料金
㋐ … アクセス方法

1

自然しかない公園、心ゆくまで探検

小宮公園

八王子市

DATA
こみやこうえん
㊎ 常時開園
㊡ なし　㊕ 無料
㋐ JR八王子駅 京王八王子駅からバスなど

サービスセンターには動物の剥製なども

木漏れ日がさす深い森の中、誘われるようにして奥へと歩を進めた。沢沿いに続く木道が気持ちいい。道は適度に入り組んでおり、どちらに進むか迷う楽しみもある。観光的な見どころはとくにないのだけれど、なんだか妙に冒険心をくすぐられる。時間を忘れ、夢中になって歩き回った。

小宮公園は多摩川と浅川の間で河川に削り残された丘陵地帯につくられた公園だ。市街地からは離れた静かな住宅街の中にある。そのせいか、地元の人以外はあまり来なそうで、隠れスポットといった雰囲気なのもいい。

開園当初は多摩動物公園の草食動物に餌を供給していたという。その名残で、園内にはユーカリ（コアラ用だ）の木などもある。

実は『大人の自然探検』という本書のタイトルを思いついたのが、この公園にいるときだった。美しい自然の中に身を置くと、想像力がかき立てられるのかもしれない。そんな言い回しが似合う公園なのだ。

嫌なことは忘れて、
やさしい気持ちになれる

小宮公園

森を抜けたら楽園が！
思わず寝ころびたくなる

2

自分にとってとっておきの場所を見つける

砧公園

世田谷区

DATA
きぬたこうえん
㊐ 常時開園
㊡ なし ㊔ 無料
㋐ 東急田園都市線 用賀駅から徒歩約20分（バスもあり）

ほかの公園へ行った後に来ると妙にホッとする。まるで実家のような安心感

最低でも月に一度は訪れている。毎週末のように通うときもある。どこに行こうか迷ったら、真っ先に候補に挙がるのがここ。

「とりあえず、砧公園にしようか」

という話になり、ふらりとお出かけするのが我が家の休日のお決まりパターンだ。

なぜ、砧公園なのか。自宅から近く、気軽に行けることが大きいが、近所にはほかにも公園は色々あるわけだし、お気に入りの理由はそれだけではない。あまりにも身近な存在なので普段は気にしたことがないが、せっかくなので改めてその魅力を列挙してみよう。

まずは単純に規模が大きい。総面積は約三十九ヘクタールで、世田谷区内の公園では最大級の広さを誇る。広ければいいというものでもないが、狭いよりは広いほうがいい。密集を避けて、自分たちだけで静かに過ごせるかどうかはいまの時代とくに重要な条件だ。

ただ単に広いだけでなく、園内の風景はバラエティに富んでおり、多様な遊び方ができ

誰かにオススメするならやはり花見の季節か

る。お弁当を持参して、「ファミリーパーク」の巨大な広場にシートを広げてピクニックを楽しんだり。気持ちのいい並木道のサイクリングコースをゆるゆると走ってみたり。子連れなら遊具が充実しているのもうれしい。

さらには、「世田谷美術館」もある。割といつもおもしろい企画展をやっている印象で、公園のついでに訪れるにはもったいないほど。運悪く雨が降ったときの避難先にもなる。

そしてもちろん、自然の豊かさを忘れてはならない。園内には四季折々の花々が咲き誇る。とくに桜の季節は絶景だ。大木が多く、枝が地面ぎりぎりまで垂れ下がっているので目線の高さで花を愛でることができる。

新緑や紅葉も見事だ。園内には小川が流れ、吊り橋も架かっている。野鳥が集まるバードサンクチュアリもある。体験できる内容は毎回違ったものになるから、何度訪れても飽きない。植物を観察しながら広い園内をとことん探検するのは幸せな時間だ。

年始の遊び始めももちろんここで

砧公園

3

レアな樹木を見つけたら少し得した気分に

林試の森公園

目黒区

DATA

りんしのもりこうえん

㊊ 常時開園

㊡ なし ㊕ 無料

㋐ 東急線・都営三田線・東京メトロ南北線 武蔵小山駅から徒歩約10分

森林浴が目的なら手軽でいい。散策するだけでも満たされる

一風変わった名前だが、ここは林野庁の林業試験場の跡地に整備された公園だ。そのお陰で、比較的レアな樹木が多いという。

公園は東西に細長く、総面積は約十二ヘクタール。到着したら、まず地図を確認してみよう。園全体が森に囲まれているのだと理解するはずだ。目黒区の住宅街の中に、これほど広い森が存在することに驚かされる。

多種多様な樹木をじっくり観察したいのなら、園内で案内されている「ふれあいコース」を歩くのがオススメだ。「虫の集まる樹木」「くらしに役立つ樹木」など五つのテーマに分ける形で、各樹木を解説板で説明している。園内の樹木は約六千七百本にも及ぶ。珍しい草花や野鳥なども見られる。

世田谷区民としては、隣の区にある有名な公園として、なんとなく名前は知っていた。いいところだよ、と友人たちが口を揃えて褒めるから試しに行ってみたのだ。予想以上に「森っぽい」雰囲気で、羨ましくなった。

4

雑木林に覆われた里山=裏山で探検体験

小山内裏公園

町田市

DATA

おやまだいりこうえん
㊡ 常時開園
㊡ なし　㊕ 無料
㋐ 京王相模原線 多摩境駅から徒歩約10分

一面緑色の世界を上ったり、下ったり。気になる方角へ気ままに歩を進めた

自然探検を繰り返していると、特定の単語をよく目にする。中でも頻出するのが「里山」「雑木林」「サンクチュアリ」の三大キーワード。小山内裏公園はそれら三要素をすべて網羅しており、自然探検のイロハを学べる。まさに入門に最適なスポットという感想だ。

場所は多摩ニュータウンの西部、集合住宅が立ち並ぶ一画に位置する。前述したひとつ目のキーワード「里山」の風景が残る公園だ。マンションの裏手に公園へ続く階段があって、いかにも「裏山」という感じの佇まい。

里山と裏山。言葉から受ける印象こそ違うものの、実際にはほとんど同じものではないかと思う。そのことに気がついたのも、ここを訪れたことがきっかけだ。里山というと言葉の響きがいいが、要するに裏山の一種なのだと理解すると分かりやすい。そういえば、ここは名前にも「裏」の字が含まれるし。

小山内裏公園は、大部分が雑木林――二つ目のキーワードだ――に覆われている。杉や

大田切池。都内でもこんな湿地帯の
風景が見られるなんて！

5. パークセンターで情報収集。トンボ形のベンチが素敵だ　**6.** 真っ赤に紅葉したコキアを発見
7. 獲った鮎を江戸まで行商するのに使われた「鮎のみち」の名残が。フェンスの向こうはサンクチュアリ

檜などで構成される針葉樹林に対して、広葉樹が入り交じった林のことを雑木林と呼ぶ。つまり、住宅地に隣接した自然公園などは大半が雑木林というわけだ。代表的な木々としてはクヌギやコナラなどが挙げられる。小さな子どもを持つ親としては、ドングリの実を付ける木として馴染み深い存在だ。

公園の北側は、多摩川の支流である大田川の源流部にあたる。ぜひ訪れたいのが「大田《おおた》切池《ぎりいけ》」だ。池の中に枯れ木が浸かっている光景がなかなか絵になる。この池は大雨の際に雨水をせき止めるためにつくったもので、枯れ木は元々川岸にあった杉の木だという。

池の奥のほうは園内で最も自然豊かだが、あいにく許可なく立ち入ることはできない。ここで三つ目のキーワード「サンクチュアリ」が登場する。動植物保護区を表す用語だ。小山内裏公園には計四箇所ものサンクチュアリがある。それだけ貴重な自然が残っているのだといえるだろう。

5

童心に返って、さあ元気に駆け上がろう!

野山北・六道山公園

武蔵村山市

DATA

のやまきた・ろくどうやまこうえん
㊐ 常時開園
㊡ なし ㊕ 無料
㋐ JR線 立川駅からバスなど

緑の中で体を動かすのは気持ちいいよね

駐車場が八箇所もあると聞けば、その途方もない大きさを想像できるだろうか。総面積は約百三十ヘクタール。東京ドーム約二十八個分。一日で全部は見きれないほどだ。

広い敷地をどんな風に巡ればいいのか。迷うところだが、子連れならば東側から入園するのがオススメだ。目印は「村山温泉かたくりの湯」。駐車場は広いし、バス停もある。

そしてなんといっても、東側には「冒険の森」「あそびの森」があって、フィールドアスレチックが計三十種類も用意されている。これほどの規模で無料というのはうれしい。

アスレチックは山の斜面に設置されており、麓から順に挑戦していく形だ。

「さあげんきにかけあがろう！」

看板にはそんなメッセージが書かれていたが、麓に着いた途端、我が娘たちが一目散に駆け上がり始めたので苦笑してしまった。

まずは一通りアスレチックで遊んでから、改めて園内散策に繰り出した。雑木林が集ま

子どもたちを見習って自分も全力で遊んだ

った里山の風景がどこか懐かしい。園内には水田や古民家などもあって、自然が人々の暮らしに根づいていた時代をいまに伝えている。

特筆すべきは、人口密度の薄さ。週末の訪問だったが、アスレチック以外の場所は人とすれ違うこともあまりなく快適に過ごせた。持参したお弁当を食べた「遺跡広場」も楽園のようなところだった。奥まったところにあって、いかにも穴場の雰囲気。

遺跡広場はその名の通り、史跡が集まった場所だ。古墳時代後期につくられた竪穴住居址や、縄文時代中期の終わり頃のものとされる配石が発見されているという。

食べ終わったら、娘たちがドングリ拾いを始めたので、自分も一緒になって地面にしゃがみこんだ。ドングリは自宅近所の公園で拾えるものよりもサイズが大きく、しかも種類が豊富なので、集め甲斐がある。つい夢中になってしまい、時間を忘れて収集した。懐かしい風景の中、童心に返る時間が贅沢だ。

どこまでも歩いていけそうだ

6

農家系公園？お土産に採れたて野菜も

都市農業公園

足立区

DATA

としのうぎょうこうえん
㊒ 9:00〜17:00（5〜8月は18:00まで）
㊡ 第1・第3水曜／年末年始　㊕ 無料
㋐ 東武線 西新井駅からバス「鹿浜都市農業公園」下車

1. ビニールハウスがある公園なんて珍しい？　**2.** 園は荒川沿いに位置する
3. 採れたて野菜が買える！

都内で自然探検をしていると、しばしば目にするのが古民家だ。これがあるだけで里山の風景がぐっと引き立つ。ある意味、鉄板の演出方法といっていいだろうか。

本書でも古民家がある自然スポットをいくつか紹介しているが、とくに強い存在感を放っていたのが都市農業公園である。その名の通り、農業をテーマとしており、園内には田畑が点在する。田園風景の中に佇む一軒の古民家という光景がとても絵になると感じた。

都市農業公園では、農薬や化学肥料を使わない有機農業を実践しているという。交流館では農機具の展示が見られるほか、収穫された野菜などが販売されており、小規模ながらも道の駅のような雰囲気。未就学児向けの農作業体験も定期的に開催されている。

それほど広い公園ではないが、時間を忘れてのんびりできる。熱帯植物を集めた温室などもある。園から外へ出ると、目の前に荒川が流れているという立地も特徴的だ。

7

紅葉が見たい？そうだ荻窪、行こう。

大田黒公園

杉並区

DATA
おおたぐろこうえん
㊡ 9:00〜17:00（紅葉期間は20:00まで）
㊡ なし　㊕ 無料（紅葉期間のみ夜間有料）
㋐ JR・東京メトロ丸ノ内線 荻窪駅から徒歩約10分

都内では貴重な紅葉スポットだ。規模の割にはそれほど混雑していない印象を受けた

本書では唯一、夜間の訪問をオススメしたいスポットだ。しかも季節限定である。都内でも知る人ぞ知る紅葉の名所といっていいだろう。ライトアップされた日本庭園が美しく、京都にでも行ったかのような気分に浸れる。

檜でできた立派な正門をくぐると、石畳の道を黄色い落ち葉が埋めつくしていた。並木道には、樹齢百年を超える大イチョウが立ち並ぶ。電灯に照らされた和傘が置かれていたりしてフォトジェニックだ。

真っ赤に染まったモミジの葉が、光を浴びて闇夜に浮かび上がっていた。園内には水の流れがあり、大きな池へと注いでいる。ライトアップされた紅葉が池の水面に映り込んでいたりして大変幻想的だ。

大田黒公園は音楽評論家・大田黒元雄氏の屋敷跡地につくられた。杉並の区立公園としては初めての回遊式日本庭園だ。氏の仕事部屋だった記念館や蔵が保存されている。さらには茶室もあって、本格的な和の風情が漂う。

8

江戸の貯木場跡から眺めるスカイツリー

猿江恩賜公園

江東区

DATA

さるえおんしこうえん

㊐ 常時開園

㊡ なし ㊙ 無料

㋐ 都営新宿線・東京メトロ半蔵門線 住吉駅から徒歩約2分

1.11月中旬、イチョウ並木が美しく色づいていた　**2.**目を引くリンゴのオブジェ
3.苗木を無料で配っていた

水面に東京スカイツリーが映り込んださまが美しい。「水辺に癒やされる公園」に入れるべきか迷ったのがこの公園だ。

ここは江戸時代に幕府直轄の貯木場《ちょぼくじょう》があったところ。明治維新後は新政府に引き継がれ、皇室の御用材を保管する御木蔵となっている。

貯木場では、全国の山々から切り出された木材を浮かべていたという。園内にある水場は、要するにその頃の名残だ。護岸に使われている石も、貯木場で重しとして使われていたものを再利用している。在りし日の姿を想像しながら園内散策を楽しみたい。

しっかり整備された綺麗な公園といった印象だが、それゆえに安心して寛げる。芝生広場や遊具といったご近所系公園の定番に加えて、大きなテニスコートなどもある。

サービスセンターに立ち寄ったらオリーブやブルーベリーの苗木を無料配布していた。比較的都会の公園とはいえ、地域への密着ぶりが伝わってきてほのぼのとした。

9

モノレールを降りたらそこは巨大公園

舎人公園

足立区

DATA

とねりこうえん

㊐ 常時開園

㊡ なし　㊕ 無料(一部有料施設あり)

㋐ 日暮里・舎人ライナー 舎人公園駅から徒歩約1分

1.広い公園だから、お気に入りの場所を探して　2.池では釣りを楽しむ人多数
3.バーベキューができるのも魅力的だ

駅前でも、駅近でもない。駅自体がほぼ公園内、それもど真ん中に位置するという抜群の立地にまずは驚かされる。高架を走るモノレールのような日暮里・舎人ライナーも独特の乗り心地で、都内の公園へ向かっているとは思えないほど旅気分が盛り上がった。

到着してから抱いた印象は、だだっ広い公園だなぁというもの。起伏はあまりなく、比較的平らな地形がよりそう感じさせる。総面積は約五十一ヘクタールにも及ぶという。

池で釣りをしている人がいたり、噴水の周りで犬の散歩をさせている人がいたりと、いい意味で普通の公園といえそうな風景。子ども向けの遊具やじゃぶじゃぶ池（夏のみ）なんかもある。尖った個性こそないものの、万人受けしそうな巨大公園という感想だ。

目を引かれたのはバーベキュー広場。ライナーが走り抜けていくさまを眺めながら肉を焼ける。広場には木立が少なく、空間がゆったり広がっているのもまた、この公園らしい。

10

新しい公園だけれど秘境気分を味わえる!?

大戸緑地

町田市

DATA
おおとりょくち
㊐ 常時開園
㊡ なし　㊔ 無料
㋐ JR相模原駅・京王線またはJR橋本駅からバスなど

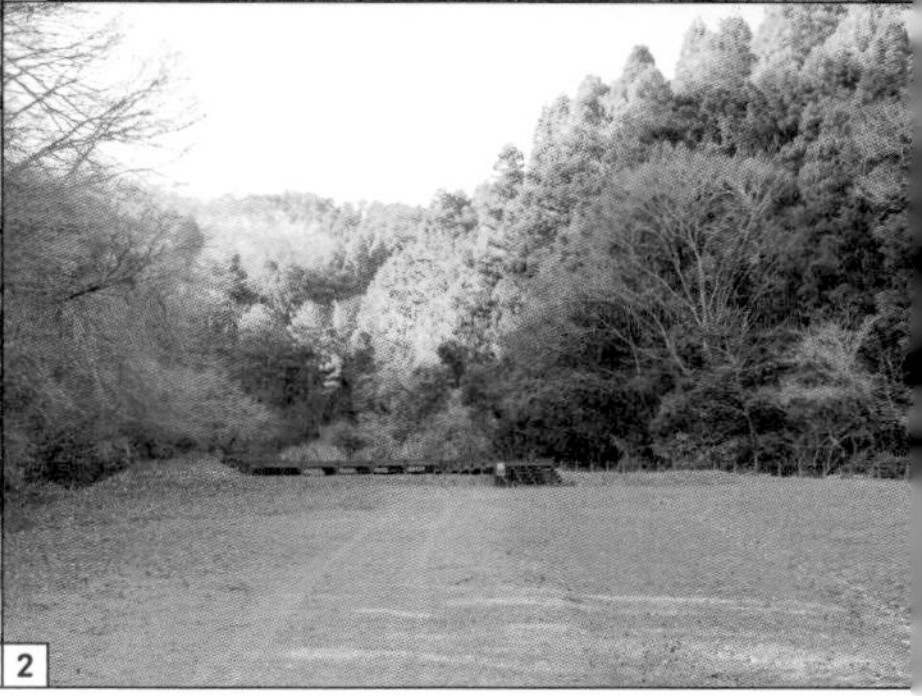

1. 伐採現場は近くで見ると迫力がある　**2.** 山を歩いた先にこんな世界が待っているとは！
3. あまりの開放感に駆け出したくもなるよね

車で行ったのだが、集落内を通るので道が分かりにくい。その割にはトイレなどが妙に真新しくて意表をつかれた。開園したのが二〇一一年。都立公園としては新しいのだ。

敷地は牛田《うしだ》地区、段木入《だんぎり》地区に分かれている。駐車場がある牛田地区から出発すると、いきなり未舗装の上り坂になった。予想していた以上にサバイバルな雰囲気の山道で、若干戸惑いつつも、気持ちが高まった。

しばらく登ると、開けたスペースに出た。見晴らしがよく、遥か遠くに高いビルが望める。案内板によると、横浜のランドマークタワーらしい。テーブルベンチが設置されていたので、絶景を眺めながらお弁当を広げた。

奥へと進むと、やがて段木入地区に入る。一人が歩くのがやっとの狭い道を下っていく。柵がない斜面はスリリングだ。最下層は広場になっていて楽園のような世界が広がっていた。都内にもこんな秘境感あふれる場所があるのだなぁと素直に感動したのだ。

11

寒さを忘れ一足早く春を感じたいなら

羽根木公園

世田谷区

DATA
はねぎこうえん
㊐ 常時開園
㊡ なし ㊕ 無料
㋐ 小田急線 梅が丘駅から徒歩約3分

都内屈指の観梅スポットだ。開花時期には「梅まつり」も開催される（2021年は中止）

梅の名所をどこか一箇所入れようとして、真っ先にここが思い浮かんだ。毎年欠かさず訪問しており、個人的にとくに馴染み深い。

公園全体が小高い丘のようになっていて、昔は「六郎次《ろくろうじ》山《やま》」「根津山」などと呼ばれていた。梅が植えられている斜面には、かつては笹が生い茂っていたという。元は都立公園だったが区に移管され、五十五本の梅の記念植樹が行われた。現在は白梅五百三十本、紅梅百七十本の計七百本にまで増えている。

梅が素晴らしいのは、開花時期が早いことだ。厳しい寒さがまだ続く二月に、一足早く春の薫りを届けてくれる。枯れ木ばかりだった寂しい風景が華やかに色づくさまをこの目にすると、心から祝福したくなるのだ。

花の形がハッキリしているのもいい。咲いたばかりの花や、咲く寸前の蕾の美しさも格別だ。梅見の際には木全体ではなく、個々の花に注目してみよう。自分にとって「推し」の花を探す作業が最高に楽しい。

12

新興住宅地の住人になったつもりで満喫する

光が丘公園

練馬区

DATA
ひかりがおかこうえん
㋕ 常時開園
㊡ なし　㊕ 無料
㋐ 都営大江戸線 光が丘駅から徒歩約8分

1.フリーマーケットが似合う公園だ　2.とにかく広いので歩き甲斐がある
3.水場があり野鳥観察なども楽しめる

週末に行ってみたら、入口付近でフリーマーケットが開催されていた。園内の売店にも順番待ちの列ができている。都内でも屈指の広さを誇る公園の割に、人口密度が妙に高く感じられる。きっと、周囲に団地がひしめいていることと無関係ではないはずだ。

広々とした芝生を中心に、周囲を木々が取り囲む。個人的に慣れ親しんでいる砧公園（12ページ）と、妙に風景が似ていると感じた。典型的な住宅街の公園と言っていいだろう。いつも砧公園でするのと同じようにシートを広げて、家族でピクニックを楽しんだ。

光が丘はいわゆる新興住宅地として知られる。観光目的で訪れるような場所ではないから、普段暮らしているのとは別の生活圏に迷い込んだような気分になった。

「この街に住んだらどんな日々だろう」

などと、つい想像を膨らませてしまう。余《よ》所《そ》者《もの》としてはアウェイ感が漂うものの、それが案外新鮮だったりもするのだ。

自然探検
1
こぼれ話

シェアサイクルは超便利

駅から歩いていくには遠すぎる。かといってバスは本数が少ないし、タクシーに乗るのもなんだかもったいない。そんなときに使えるのがシェアサイクルだ。利用経験がない人でも、街なかで見たことがあるかもしれない。

使い方は簡単だ。スマホのアプリで予約して、発行された暗証番号を自転車に入力して開錠する。ステーションは無人で、駅前やコンビニなどにある。一般的なレンタサイクルとの最大の違いは、貸出場所と返却場所が違ってもOKであること。つまり、乗り捨てができる。

近年急速に普及が進むが、都内で使うなら「ドコモ・バイクシェア」と「HELLO CYCLING（ハローサイクリング）」の二つがとくに対象エリアが広い。前者はNTTドコモ、後者はソフトバンクと、携帯電話事業者がプラットフォームを提供しているのも特徴だ。

本書の取材ではハローサイクリングを活用した。15分70円と料金も手ごろ。行動範囲がグッと広がるのでオススメだ。

都心の
オアシス的
公園

13

潮風を浴びながら触れる都市の未来と過去

台場公園

港区

DATA

だいばこうえん

㊎ 常時開園　㊡ なし　㊑ 無料

㋐ ゆりかもめ お台場海浜公園駅から徒歩約15分
りんかい線 東京テレポート駅から徒歩約15分

1. お台場といえばゆりかもめ？
2. まるで宇宙船のような水上バス「ホタルナ」。デザインしたのは松本零士氏
3. 時間になると「デストロイモード」に変形する　©創通・サンライズ

ユニコーンガンダムを見たいと思ったのがお台場を訪れたきっかけだった。商業施設「ダイバーシティ東京」の前には実物大の像が立つ。施設内には巨大なガンプラ専門店も入っている。巣ごもり需要で模型が再ブームの中、筆者も見事にハマってしまったのだ。

東京に住んでいても、お台場は意外と縁のない街だったりする。トレンド・スポットとして持て囃されたのも遠い昔だ。近年は観光地化が進み、とくに訪日旅行客が好んで訪れていそうなイメージがあった。

ところが、久々に行ってみると、お台場は想像していたよりもずっとユートピアだった。外国人が激減した影響もあるのだろう。休日でも比較的静かで、遊歩道なども広々としているから空間的余裕がある。僻地と思い込んでいたが、りんかい線で新宿や渋谷から一本で行けるからアクセスもそんなに悪くない。

何より驚いたのが緑の多さだ。随所に街路樹が植えられ、湾岸一帯には公園が整備され

4
5

4. 5. 砲台跡。ペリーが浦賀に来航した翌月にはもう着工されたのだと知って、当時の切迫した状況を想像した
6. 海の向こうに見える石垣の上が第三台場。お台場海浜公園と繋がっている

ている。元からある自然ではなく、都市計画により人工的に作られたものだが、東京湾内というロケーションもあいまって、近未来的な風景が生み出されていると感じた。浜辺から眺めるレインボーブリッジは格別だ。

新しい街である一方で、歴史にも触れられるのはお台場の知られざる魅力といえる。かつては「品川台場」と呼ばれ、江戸幕府が黒船来襲に備えて築いた砲台があった。国の史跡に指定されている第三台場は、「台場公園」として一般開放されている。商業施設が立ち並ぶ一画の対岸。歩いて行ける距離だ。

海面からは五〜七メートルの高さに、石垣積みの土手が築かれ、黒松が植えられている。園内には当時の記録を元に復元された砲台のほか、火薬庫や陣屋の跡地が保存されている。建物の基礎部分が突起している様は遺跡のようだ。それほど広くはないものの、海の上の要塞というロケーションが想像力を掻き立て、束の間の探検気分を盛り上げてくれる。

レインボーブリッジの
圧倒的な存在感！

台場公園

14

芭蕉庵、武家庭園、大聖堂も！ 観光もできて一石二鳥

江戸川公園

文京区

DATA

えどがわこうえん

㊎ 常時開園

㊡ なし ㊕ 無料

㋐ 東京メトロ有楽町線 江戸川橋駅から徒歩約3分

1.商店街には子育地蔵尊が　2.首都高の下に園の入口がある
3.この滑り台は某アニメの聖地だったりも　4.関口芭蕉庵は誰でも入れる

川沿いに続く細長い公園なのだが、江戸川ではなく神田川なのに江戸川公園という名称なのが紛らわしい。かつて江戸川と呼ばれていた名残らしい。江戸時代には御留川《おとめがわ》という名でもあったという。

行き方は色々あるが、江戸川橋駅から訪れた。駅前にある「子育地蔵尊」でお参りしつつ、首都高の高架下を抜けて公園へ入る。江戸川公園は桜の名所としても知られ、春には大勢の花見客で賑わうそうだが、訪問した日は人気《ひとけ》もまばらで静かな雰囲気。

少し歩いていくと、石組みの池が現れる。この地にはかつて、徳川家康によって開かれた日本初の上水「神田上水」の取水口《しゅすいこう》があった。そのときの石柱を用いた石組みだという。

この神田上水の改修に携わったのが、かの有名な松尾芭蕉だった。俳人と治水工事という組み合わせはピンとこないが、園の近くには「関口芭蕉庵」というゆかりの施設まである。隠れ家のような佇まいで、ここも必見。

東京カテドラル聖マリア大聖堂。尖塔はあまりに高く、
てっぺんの十字架を見上げ続けたら首が痛くなるほど

5. 6. 肥後細川庭園は敷地が広くて探検のし甲斐がある　7. 大隈庭園には寛げる芝生も

　ほかにも園周辺には、ついでに立ち寄りたいスポットが目白押しだ。芭蕉庵前の険しい坂の階段を上った先には、「東京カテドラル聖マリア大聖堂」がある。新旧入り交じった独創的な宗教建築は丹下健三が設計したもの。広々とした内部空間にも圧倒された。

「肥後細川庭園」も外せない。熊本藩主細川家の下屋敷跡で、和の風情が感じられる回遊式泉水庭園だ。起伏のある地形が探検気分を盛り上げる。婚礼衣装で記念撮影をする男女の姿が多く、華やかなムードに心が和んだ。

　あとは「ホテル椿山荘《ちんざんそう》東京」も隣接している。美しい庭園が魅力的で、三重塔や羅漢石といった史跡もあるが、あいにくホテル利用客以外は立入禁止となっていた。

　代わりに向かったのが「大隈庭園」だ。リーガロイヤルホテル東京から中へ入れるが、こちらは一般公開されている。周辺は早稲田の学生街。学生時代を懐かしみながら、大学近くで名物弁当を買って庭園の芝生で食べた。

15

洋も和も一度に楽しみたい欲ばりな人に

旧古河庭園

北区

DATA
きゅうふるかわていえん
㊐ 9:00～17:00
㊡ 年末年始 ㊙ 150円
㋐ JR上中里駅・または東京メトロ南北線 西ヶ原駅から徒歩約7分

1.水辺もあって心が和む　2.バラの季節はとくに見物客が多い
3.洋館から斜面を下ると別世界に。どちらも魅力的だ

洋館とバラが名物というぐらいしか予備知識はなかった。その日は天気がよく、ちょうどまさに秋バラの季節だったから、近くまで来たついでにと立ち寄ってみたのだ。

山手線の駒込駅から南下すると「六義《りくぎ》園《えん》」もある。これまた東京を代表する名園だが、今回は逆方向、北へと進んだ。ゆるやかな上り坂の途中に旧古河庭園は位置する。

正門を入ってまず最初に現れるのが洋館だ。英国貴族の邸宅に倣ったという建築様式はどこかで見たことがある雰囲気だが、設計がジョサイア・コンドルと聞いて納得した。都内を巡っていると、しばしば氏の作品に出会う。

園内は高低差があって、洋館のある高台から斜面を下っていく。咲き誇る色とりどりのバラを入れながら洋館を撮ると確かに絵になるが、個人的に惹かれたのは低地に広がる日本庭園のほう。こちらは京都の庭師が手がけている。純和風な世界観が洋風庭園と競い合うようにして共存しているのが興味深い。

16

森と海を一度に楽しめる！ アスレチックや社会科見学も！

平和の森公園・大森ふるさとの浜辺公園

大田区

DATA

へいわのもりこうえん・おおもりふるさとのはまべこうえん

㋐開 常時開園

㋐休 なし　㋐料 無料（フィールドアスレチックは9:30～15:00）

㋐ 京急線平和島駅から徒歩約10分

1. 池には釣りデッキが設けられている　**2.** 思う存分森林浴できる幸せ
3. これぞ地域住民の憩いの場とでもいうべき平和な光景

それぞれ個性的な二つの公園が隣接している。ほとんどくっついているような位置関係にあるため、知らないとまとめてひとつの公園と誤解しそうだが、正確には別々の公園になる。ともあれ、実際に訪れる際には、そこがどちらの敷地になるかまでは、あまり気にせずともいいだろう。

まずは「平和の森公園」からスタートした。駐車場はこちらにだけあるし、駅から歩いてくる場合もこちらが近い。その名の通り、特徴を一言でいえば森の公園である。広い芝生の広場を囲むようにして樹木が生い茂り、池では水鳥が羽を休めている。都心から近く、住宅地と工場地帯の境目あたりという立地からは考えられないほど緑は豊かだ。

南北に長細い園内の中央部を幹線道路が横断している。これは環七通りで、道路を挟んで南側エリアにはフィールドアスレチックが設けられている点もユニークだ。アスレチックといっても結構本格的な内容で、利用は小

4. フィールドアスレチックは有料（小中学生100円・高校生以上360円）
5.「大森 海苔のふるさと館」は散策のついでに訪れたい　**6.** 水辺との境に柵がない道がいい

学生以上に限られるほど（隣に幼児向けのアスレチックも少しだけある）。子連れで目一杯遊べる点は個人的に好評価だ。

南側エリアにはアーチェリー場やテニスコートなどもある。それらを横目にテクテク歩いていくと、やがて園の南端に。ここから先がもうひとつの公園「大森ふるさとの浜辺公園」に繋がっている。

二つの公園の、そのちょうど接続部ともいえる場所に立っているのが「大森 海苔のふるさと館」だ。大森周辺はかつて海苔の産地として発展していた。ふるさと館は当時の資料を展示紹介する施設。自然探検ついでに社会科見学が楽しめるのがいい。

大森ふるさとの浜辺公園に入ると、風景が一変する。こちらもその名の通り、浜辺が最大の特徴である。森から海へ。人工ではあるものの、砂の浜辺は都内では貴重な存在といえるだろう。弧を描くようにして海岸線が続いていくさまは美しく、思わず頬が緩んだ。

大森ふるさとの浜辺公園。
まぎれもなくビーチ!?

17

自然を慈しむ心が育まれるかも?

附属自然教育園

港区

DATA

ふぞくしぜんきょういくえん
㊎ 9:00〜17:00(9〜4月は16:30まで)
㊡ 月曜　㊕ 320円
㋐ JR目黒駅から徒歩約10分

1.ビューポイントのひとつ「シイの巨木」　**2.**湿地の生態系が見られる水生植物園
3.教育管理棟では園の自然について解説されている

二つの大木の幹が互いにお辞儀をするかのように湾曲しており、天然のアーチが形づくられている。野山の風景に身を置いているはずなのに、近くの首都高を走る車の音がときおり聞こえるのがなんとも不思議だ。

散策路を歩きながら、四季折々の植物を生育に適した環境で観察できる。山手線内側エリアにおいて、これほど自然が残っている場所はほかにないかもしれない。

天然記念物であると同時に史跡としての価値もある。四百〜五百年前、この地には豪族の館があった。園内には当時の館跡とされる地形が見られる。江戸時代には高松藩の下屋敷、明治時代には陸海軍の火薬庫、大正時代には白金《しろがね》御料地だった。これほどまでに豊かな自然が残っているのは、その間に一般の人々が立ち入ることができなかったお陰だ。

広く公開されるようになったのは戦後のこと。いまも自然を保護する目的で、入園者が同時に三百人を超えないように制限している。

18

観光客の少ない静かないまこそ行きたい

清澄庭園

江東区

DATA
きよすみていえん
㊐ 9:00〜17:00
㊡ 年末年始　㊫ 150円
㋐ 都営大江戸線・東京メトロ半蔵門線 清澄白河駅から徒歩約3分

1.池の端に置かれた石を歩いて渡る「磯渡り」　**2.**全国の名石が集められている
3.苔の風景に「和」を感じる

完成した当初は「深川親睦園」と呼ばれていた。三菱グループ社員の慰安や、内外の賓客を接待する場として用いられたからだ。福利厚生のための施設にしてはあまりにも立派で、純粋に羨ましくなる。

大名屋敷だったこの地を取得し、大規模な造園を計画したのは三菱財閥の創始者・岩崎彌太郎だった。隅田川の水を引いた大泉水を中心に、築山《つきやま》や全国から取り寄せた名石を配して回遊式林泉庭園に仕上げている。

当初はジョサイア・コンドルが設計した洋館も立っていたが、関東大震災で焼失してしまった。大正天皇の葬場殿も空襲で全焼している。唯一現存する涼亭《りょうてい》が、雅《みや》びな風情が漂う自然風景の中で一際《ひときわ》輝いて見える。

全体的に隙がないというか、ツッコミを入れる余地がないのは流石《さすが》だ。園内はカメラを手にした見学客が多い。どこを切り取っても絵になるのだが、撮影に夢中になりすぎて池にポチャンと落ちないよう要注意である。

風流な庭園に身を置くと、
日本人でよかったなぁとしみじみする

清澄庭園

19

埋め立て地にできた野鳥の楽園を覗き見る

東京港野鳥公園

大田区

DATA
とうきょうこうやちょうこうえん
㊐ 9:00〜17:00(11月〜1月は16:30まで)
㊡ 月曜　㊕ 300円
㋐ 東京モノレール 流通センター駅から徒歩約15分

1. 2.観察小屋は快適。小窓から野鳥を追いかけ写真を撮ったり
3. 4.どこかにいそうだけれど……。見つけた瞬間は興奮する

敷地の外にまで鳥のさえずりが響き渡っていた。それが、工場地帯の大型車の走行音と重なり合い、不思議な協奏曲を奏でている。ここはまさに野鳥の楽園だ。

春にシベリア方面へ渡る冬鳥は、日本で寒い季節を過ごす。あるいは、日本で繁殖するため東南アジアからやってくる夏鳥もいる。かつて海だった場所は埋め立てられ、その後できた池や草原に野鳥が集まるようになった。

園内には観察小屋が複数設けられ、遠目から観察する形になる。望遠鏡が欲しいが、肉眼でも意外と見えるなぁという感想だ。この地の自然は野鳥のもの。人間は不可侵だからこそ、神聖な空間に思えてくる。

まずは水面をツツーと進む水鳥に目が行くが、よく観察してみると、野鳥はあちらこちらに潜んでいる。植え込みや蘆《あし》の中。木の梢に止まっていたりも。大小さまざまだし、群れている鳥も、ぼっちの鳥もいる。かくれんぼの鬼になった気分で探すのが楽しい。

20

人工公園だから機能的で過ごしやすい

荒川自然公園

荒川区

DATA

あらかわしぜんこうえん

㊐ 季節・地区によって異なる　㊡ 第1・第3木曜日 年末年始　㊕ 無料

㋐ 京成線・東京メトロ千代田線 町屋駅から徒歩約10分
都電荒川線 荒川二丁目駅から徒歩約1分

1.自転車の練習をするなら最高の環境かも
2.園内へは水道局の施設の上の高架を通ってアクセス　3.運動不足の解消に

都電荒川線沿いには「甘泉園《かんせんえん》公園」や「飛鳥山公園」など魅力的な公園がいくつかあるが、中でも穴場といえそうなのがここだ。

なにせ、その立地からしてユニークである。水道局の下水処理施設の上に人工地盤をつくり、公園として整備を行っている。地図で見ると、緑色部分が不自然なまでに真四角なのはそのせいだ。ちなみに四角形は二つあって、斜めに並んでいる。これは北側・中央地区と南側地区にエリアが分かれているため。

子連れに魅力的なのは「交通園」。公道を模したコースで自転車の練習ができる施設だ。信号機や横断歩道などが設置され、交通ルールを学べる。自転車はレンタル可能で、三輪車や豆自動車もある。一方で、大人向けの健康遊具を集めた「ふれあい健康広場」などもあって、幅広い年齢層が楽しめる。

南側地区には大きな池もあり、遠くにスカイツリーも見える。夏季限定だがオオムラサキ観察園や昆虫観察園も魅力的だ。

21

これぞ都会のオアシス現代版。高速道路が絶景庭園に

目黒天空庭園

目黒区

DATA
めぐろてんくうていえん
㊐ 7:00〜21:00
㊡ なし ㊕ 無料
㋐ 東急田園都市線 池尻大橋駅から徒歩約3分

1. 野菜などを栽培する農園も　**2.** 入口が見つからなくて下界を彷徨った
3. 4. すぐ近くにある菅刈公園（右）と西郷山公園（左）もついでに訪れたい

まず最初に書いておくと、入口が分かりづらい。知らない人の立ち入りを拒むかのような構造が、逆に穴場感を増しているようにも感じられる。少なくとも、歩道からだとこんなところがあるなんて想像もできないほどだ。

国道二四六号の上をまたぎ、ぐるぐると螺旋状に張り巡らされた高架は首都高の大橋ジャンクション。その屋上部分につくられたのが目黒天空庭園である。四百メートルのループ状庭園は、上空から撮った写真を見ると、まるでドーナツのような形をしている。

五千本近い樹木が植えられており、芝生広場のほか小さな農園や日本庭園も。その名の通り、天空世界にいる気分に浸れるのもいい。

周囲に立つタワマンの都会的な風景との対比が興味深い。池尻側から入って進んでいくと、庭園の端がまさにマンションのひとつに直結している。中には区立図書館なども入っており、そこからエレベーターで下界に降りると一筆書きの要領で抜け出せるだろう。

22

23区の最高峰があるって知ってた?

戸山公園

新宿区

DATA
とやまこうえん
㊐ 常時開園　㊡ なし　㊕ 無料
㋐ 東京メトロ東西線 早稲田駅から徒歩約10分（箱根山地区）
東京メトロ副都心線 西早稲田駅から徒歩約6分（大久保地区）

1.園内は意外と起伏がある。いざ最高峰へ登るのだ！
2.「登頂証明書」は自己申告すれば誰でも発行してもらえる
3.大久保地区は近所の子どもたちの遊び場

個人的にはサークルの花見スポットだったイメージが強い。通っていた大学から近く、馴染み深い公園なのだが、大人になって改めて行ってみると色々と新しい発見があった。

とくに驚いたのが、二十三区内における最高峰がここにあること。標高四十四・六メートル。「箱根山」の俗称を持つ。実際には山というより丘だが、最高峰などと言われるとありがたいものに思えてくるのは不思議だ。

この地には元々、尾張徳川家の下屋敷があった。池《ち》泉回遊《せんかいゆう》式の庭園で、東京ドーム約十個分もの敷地面積を誇ったという。遺構こそあまり残っていないものの、公園の巨大さからは当時の姿が偲ばれる。

公園は明治通りを挟んで、箱根山地区と大久保地区に分けられている。箱根山のある前者は自然が豊かで野生的なのに対して、後者は遊具などが置かれ整備された雰囲気。大久保地区のサービスセンターで発行してくれる「登頂証明書」がいい記念になる。

自然探検
2
こぼれ話

自然探検で使える神アプリ

自然の中に身を置くと好奇心が刺激され、次々と知りたい欲求が生まれてくる。

「これは何という名前の植物なのだろう？」

たとえばよくあるのが、そんな疑問。不思議な色や形をした花について、その正体を探りたいと思ったら、スマホを活用すればいい。

筆者が愛用しているのは「Googleレンズ」というアプリ。カメラを向けると、画像からそれが何なのかを自動で検索・識別してくれる。あいにくAndroid専用のアプリだが、iPhoneなら「Google」アプリに同様の機能があるので、それを使えばいい。

Googleのサービスはどれも便利だが、ほかにも「Google Keep」は自然探検で重宝する。メモに特化したアプリで、データをクラウド上に瞬時に保存してくれるので、複数の端末で同じ内容を共有できるのがいい。得られた知識は忘れないようにメモに残しておく。

調べて、記録する――探検の基本と言えよう。アプリがその手助けをしてくれるのだ。

水辺に
癒やされる
公園

23

谷底に広がる「異世界」に迷い込む

小山田緑地

町田市

DATA
おやまだりょくち
㊐ 常時開園
㊡ なし ㊕ 無料
㋐ 京王線・小田急線・多摩モノレール 多摩センター駅からバスなど

1.車で来ると谷底から始まる　2.サービスセンターで地図を入手
3.ヤマユリが咲いていた　4.「みはらし広場」。お弁当を食べるならここへ

湧き水が生み出したであろう池の上を、四方八方から伸びた木々の葉叢《はむら》が覆いつくしている。生き物がひょっこりと顔を出しそうな気配が漂う。ありそうで、なかなかない風景。看板に「小山田の谷」と書かれているのを目にして、妙に腑に落ちるものがあった。なるほど、ここは谷底なのだ。

「小山田緑地」は多摩丘陵の一角に位置する都立公園である。この公園を理解するためには、「多層構造」というキーワードを用いると分かりやすい。標高の異なる、複数のエリアから構成されているからだ。

各エリアは階段や坂道で繋がっている。最下層に位置する小山田の谷から一段階上がると、だだっ広い空間に出る。それは谷底とはあまりにも別世界で、違う階層に来たんだなぁとしみじみ実感させられた。

どこまでも走っていけそうな芝生の広場のほか、野球場やサッカーグラウンドなどがある。小規模ながら、アスレチック遊具も置か

谷底の風景と違いすぎて、
同じ公園とは思えないほど

5.梅木窪園の入口は住宅地の中にある。分かりにくいのがむしろいい
6.本園よりも穴場感が漂う　**7.**アサザ池で小休止　**8.**アザミの周りに蝶が集まっていた

れている。小山田緑地内でもひときわ「公園」らしい空間といえるだろう。

そこからさらに上の階層へと階段が続く。ヤマユリの儚げな美しさに見惚れながら歩を進めていくと、やがて森が途切れ、視界がパッと開けた。丘の頂上の展望台のような場所で、「みはらし広場」と名付けられている。

住宅地の向こうに聳える山並みの後ろには、我が国最高峰の頂が望める。関東の富士見百景にも数えられるという。付近にはテーブルベンチが設置されているし、シートを敷く余裕もあるので、ピクニックするのに最適だ。

小山田緑地の総面積は約四十四ヘクタールにも及ぶ。本園のほか、三つの分園から成っているのも特徴だ。それぞれが飛び地のようになっているが、徒歩で行き来できる。

分園の中では「梅木窪分園」がとくに規模が大きい。里山の小道を歩きながら、吊り橋やアサザ池など見どころを見て回った。周囲に広がるのどかな田園風景も昔懐かしい。

写真は夏に撮ったものだが、冬に改めて
訪れたら水面に薄氷が浮かんでいた

小山田緑地

24

自転車に乗って目指すはウユニ塩湖!?

狭山・境緑道

西東京市・小平市・東大和市

DATA

さやま・さかいりょくどう

㊡ 常時開園　㊡ なし　㊫ 無料

㋐ JR武蔵境駅から自転車約5分　西武新宿線 花小金井駅・小平駅または西武多摩湖線 萩山駅・八坂駅・武蔵大和駅から徒歩圏内

1. シェアサイクルで出発する　**2.** 入口に大きな看板が出ていた　**3.** コースに入ってすぐの場所で

スタートとゴールがはっきりしているから、走破してみようという意欲が湧く。自然にあふれた道だから、流れていく景色に目をやるだけで心癒やされる。こんなにも走り甲斐があって、しかも走りやすいコースは都内では見たことがない。

　出発地点は武蔵境駅だった。駅の近くでシェアサイクル（40ページ）を借りて少し北上すると、「多摩湖自転車歩行者道」の入口を示す看板を見つけた。近くには「狭山・境コース」と書かれた石碑も立っている。名称について調べてみると、資料や出典元によってまちまちなのだが、「狭山・境緑道」という呼び方を用いるのが一般的なようなので、本書でもそう記すことにする。

　その道に入った瞬間、景色が変わった。道端に自生する樹木の枝葉がぐおんとせり出し、道の真上を覆い隠している。まるで緑色のトンネルの中にいるような光景に、いきなり心が浮きたった。借りた自転車は電動付きだが、

まるでウユニ塩湖？　写真は青空だが、雲のある日もオススメだ

アップダウンがない道なので普通の自転車でも労せずにペダルを漕げそうである。

コースが自転車用と歩行者用に区切られている点も素敵だ。この手の専用道路では自転車も歩行者も同じ部分を走るというパターンも珍しくないが、これならお互いに気を遣わずとも済む。さらには自転車用の道自体、往路と復路で車線が分かれている。無論、車やバイクは通行不可だ。交通秩序を保ちながら、安全に走行できるのはありがたい。

自転車道の直線部の全長は十・二キロもある。それだけの長い距離を、どこまでも真っ直ぐな道が続く。本当に驚くほど真っ直ぐである。グーグルマップ等で確認してほしい。道は完全なる直線なのだ。途中でわずかでも曲がったり、蛇行したりしない。

なぜそんなことになっているのかというと、この道の成り立ちに関係している。元々ここには多摩川の水を境浄水場に送るための水道施設があった。それを再利用する形で整備し

5

6

4

4.自分のペースで走れる。気になった景色があればすぐに止まれるのもいい
5.道中沿には江戸時代の古民家が復元された「小平ふるさと村」も
6.コース後半は西武多摩湖線が併走するような形になっている

たのがこのサイクリングコースなのだ。道中には、当時のままに復元された水門や、水を表す石の彫刻が一里塚のように置かれている。つまり、「水のみち」だったわけだ。

長いコースの終着地点が多摩湖なのもそのためだ。多摩川の水を貯水するためにつくられた人造湖である。ちなみに多摩湖というのは通称で、正式には「村山貯水池」という。

湖畔は都立「狭山公園」として整備されているが、ここ自体がついでに立ち寄るにはもったいないぐらいに素晴らしいところだ。一言でいえば、絶景の公園である。それも、かなりの絶景だ。風のない日に訪れたなら、凪《な》いだ水面が鏡張りのようになって幻想的な風景が見られる。南米にある、かの有名なウユニ塩湖を彷彿させられた。

巨大な湖は、東京と埼玉との県境に位置している。湖の遠く対岸には西武ドームの白い屋根も望める。ため息が出るほどの美景が、走り終えた自分へのご褒美になった。

狭山公園から多摩湖を望む。
ゴールしたらこんな絶景が待っている！

25

まるで北欧? メタセコイアに恋する一日

水元公園

葛飾区

DATA

みずもとこうえん
㊐ 常時開園
㊡ なし ㊫ 無料
㋐ JR・東京メトロ千代田線 金町駅からバス「水元公園」下車

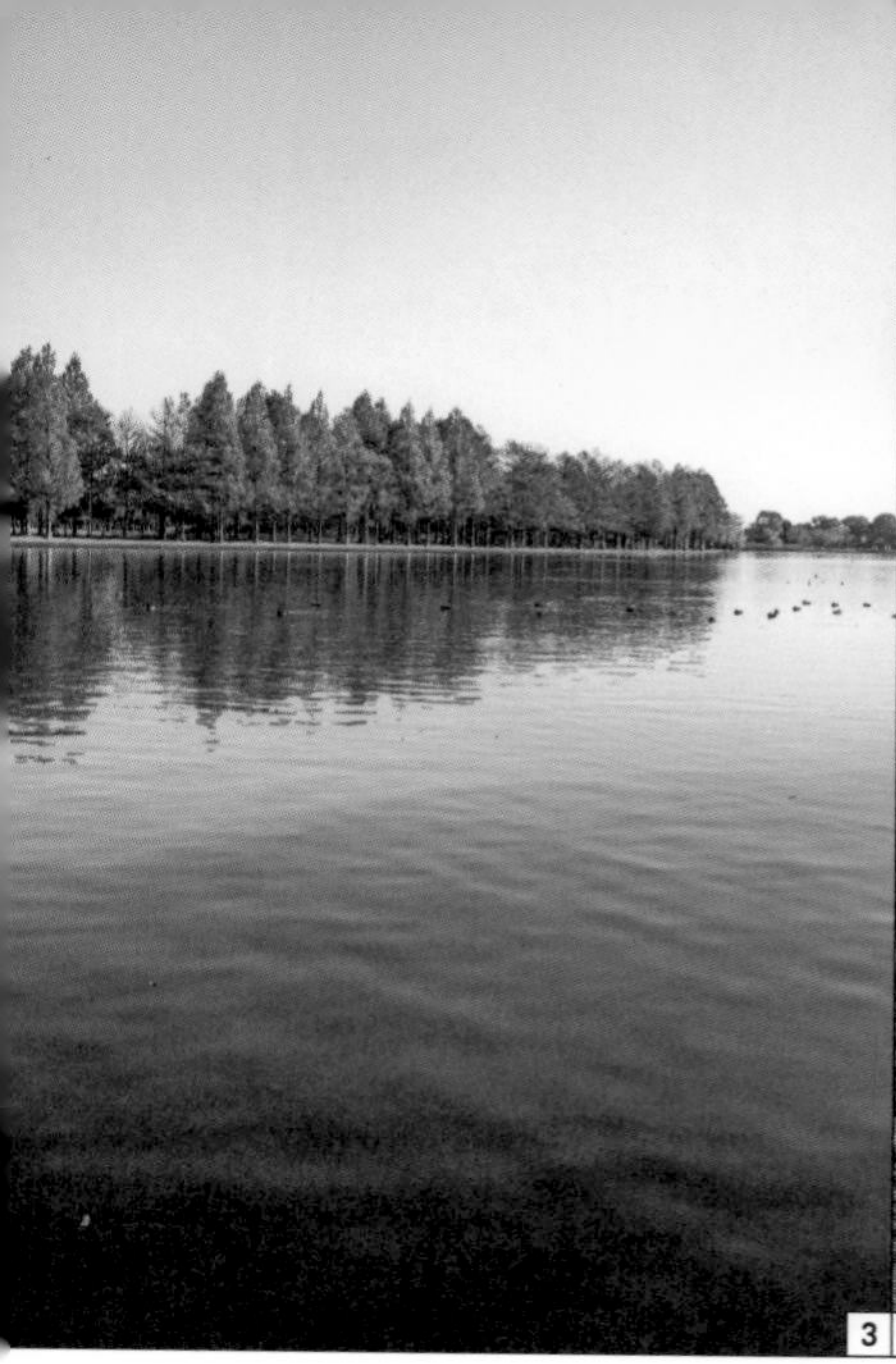

1. 釣りをしたり、昼寝をしている人の姿も　**2.** 水辺のベンチでボーッとするのは贅沢な時間？
3. 対岸に見えるのが埼玉県の別の公園であるのは不思議だ

「外国の公園みたいだなぁ」

木立の間に設けられた遊歩道を歩きながら、まずはそんな感想を抱いた。空間がゆったりとしており、森の風景が美しい。外国といっても北欧のような整ったイメージである。

なんといっても、水場が近いのが素晴らしい。柵がなく、水辺の縁まで歩いて接近できる。油断したらそのまま落ちてドボンとなりかねない勢いだ。水面には何百羽もの水鳥が群れをなしていて、これまた絵画のようだ。都内で唯一「水郷」の景観を持つ公園と聞いていたが、それも納得の美景である。

川のような、湖のような、池のようなこの水場は「小合溜《こあいだめ》」という。江戸時代に河川を堰《せ》き止めてつくられたものだ。周辺の田畑を潤すための水源であり、「水元公園」という名前の由来にもなっている。

水場の対岸にもまた公園が望めるが、あちらは「みさと公園」。東京都ではなく埼玉県である。小合溜が実質的に県境の役割を担っ

都内最大規模を誇るメタセコイアの森。
紅葉シーズン真っ盛りに訪れてよかった　（ 88 ）

後日、改めて子どもを連れていったら、目を輝かせて走り回っていた。
広いというだけでストレスフリーに

ているというわけだ。ちなみに、園内に橋は存在せず、渡し船などもないため、向こう岸へ渡りたいなら園を出て大きく迂回しなければならない。ユニークな立地から、まるで海外の国境沿いにいるような気分に。

広い園内でも、とくに心惹かれたのがメタセコイアの森だ。円錐形の樹形が特徴的な針葉樹メタセコイアが約千五百本も植えられている。「生きている化石」と称され、近年はSNS映えする木として注目を浴びているが、とりわけ紅葉の季節は見応えがある。

小合溜沿いの小道を北へと歩いていくと、やがて湿原の風景に変わる。水元公園は地下水位が高く、水はけが悪い低湿地で、独特な植物が生育している。野鳥も多い。

湿原やメタセコイアの森を抜けた先には芝生の広場が現れる。これまた想像を絶する広さだ。なだらかな草地の丘で、開放感に包まれる。面積は約十ヘクタールもある。凧揚げをするのに最高のスポットという感想も。

26

国分寺崖線の最重要スポットをそぞろ歩く

お鷹の道・真姿の池湧水群

国分寺市

DATA

おたかのみち・ますがたのいけゆうすいぐん

㋐ JR国分寺駅から徒歩約20分 西国分寺駅から徒歩約15分

おたかの道湧水園

㋐開 9:00〜17:00 ㊡ 月曜・祝日 ㊕ 100円

1. 真姿の池という名前は、この地に残る病気平癒の伝説に由来
2. 武蔵国分寺跡の出土品を展示する資料館　**3.** 国分寺には七重塔を置くことが規定されていた

国分寺から小金井、三鷹、調布、狛江を経て世田谷に至る標高差約十五メートルほどの崖線《がいせん》を「国分寺崖線」と呼ぶ。南北に長いその範囲に自宅付近が含まれるため個人的に馴染み深く、ご近所旅をするようになって以来、関連スポットをしばしば訪れている。

「お鷹の道」は、国分寺崖線の数ある名所の中でも最北部に位置する。崖の下を流れる湧水を集めた「真姿の池湧水群」と共に、武蔵野の原風景が残る貴重な存在だ。

国分寺駅南口から看板を頼りに歩を進めた。まわりの景色は住宅街で、「こんなところに本当にあるのだろうか」と不安に駆られていると、突如として遊歩道の入口が現れた。清流沿いに続く道の幅は狭く、一人がなんとかすれ違えるぐらいの場所もある。ここは江戸時代に尾張徳川家の御鷹場だったところで、それゆえお鷹の道と呼ばれるようになった。

遊歩道には階段が設置され、降りて水面に近づくことができる。水は透き通っており、

国分寺崖線の雑木林景観が
保存されている

4. 新田義貞の寄進により建立された国分寺薬師堂
5. 万葉植物園は『万葉集』で題材となった植物が集められている
6. 江戸時代の建築様式をとどめる国分寺楼門　**7.** 少し歩くが、「武蔵国分尼寺跡」もぜひ

その美しさにハッとさせられた。付近の湧水は野川の最源流とされる。環境省の名水百選のひとつで、初夏にはホタルも鑑賞できるというから、自然の豊かさが想像できるだろう。

先に進むと、やがて右手に歴史公園「おたかの道湧水園」が現れる。有料の観光施設で、入園券は向かいにある「史跡の駅 おたカフェ」で販売されている。かつての武蔵国分寺跡の出土品などを展示する資料館や、七重塔模型などが見どころだ。園内には湧水源の観察ポイントもある。

武蔵国分寺は全国に建てられた国分寺の中でもとくに規模が大きかったという。お鷹の道付近には関連史跡が点在しているので、歴史好きならば押さえておいて損はない。国分寺楼門や、万葉植物園、国分寺薬師堂などは湧水園から近く、ついでに訪問しやすい。

崖線の自然が育む歴史や文化に触れ、綺麗な水のせせらぎに癒やされる。のんびり散歩がてら楽しむには最高のコースだ。

27

都内で本格的な滝が見たいならここ

名主の滝公園

北区

DATA

なぬしのたきこうえん

㊐ 9:00〜17:00(7/15〜9/15は18:00まで)

㊡ なし ㊫ 無料

ア JR・東京メトロ南北線 王子駅から徒歩約10分

1.男滝は流れがとくにダイナミック　2.王子駅から行くとこちらの入口に
3.緑が色濃く、園周辺の風景とは別世界。隠れスポットのよう

「なぬしの滝」と平仮名で書かれていたのが、「ななしの滝」に見えた。「空目《そらめ》」してしまったのだが、そんなわけはない。

なぬし＝名主とは、江戸時代に村落内の行政を司っていた者のこと。「名主の滝公園」は王子村の名主が自邸に開いた庭園である。庭園といっても、綺麗に整備された芝生があるようなところではなく、鬱蒼としており野生的な雰囲気なのが自分好みと感じた。

その名の通り、最大の見どころは滝だ。かつて王子周辺には滝がたくさん存在したが、現存するのはここだけ。園内には八メートルもの落差があるという男滝《おだき》のほか、女滝《めだき》、独《どっ》鈷《こ》の滝、湧玉《ゆうぎょく》の滝と四つの滝がある。台地の斜面を上手く利用しながら、自然の風景を取り入れているのが見事だ。

都会の中にあって、これほど本格的な滝が見られるところは珍しい。真夏の猛暑日などに清涼を求めて訪れたなら、きっとありがたみが大きいはずだ。

28

渡り鳥の楽園に幕末の偉人が眠る

洗足池公園

大田区

DATA

せんぞくいけこうえん

㊡ 常時開園

㊡ なし ㊑ 無料

㋐ 東急池上線 洗足池駅から徒歩約2分

1.園北側は水生植物園。木道が整備されている
2.池畔には源頼朝の愛馬「池月」の伝承が残る千束八幡神社なども
3.白鷺を見つけ思わずパチリと撮った

がっつり観光したいわけではないけれど、少しぐらいはその気分を味わいたい。そんなときにオススメなのが洗足池公園だ。都心の近くにありながら風光明媚な景色が見られ、冬には多くの渡り鳥が訪れるほど。その一方で、幕末の偉人にまつわる史跡も残る。

誰かというと、勝海舟である。徳川慶喜より幕府の代表に任じられ、西郷隆盛と会見するために池上本門寺を訪れたときのこと。通りかかった洗足池の自然に惹かれ、後に池畔に別邸を設け「洗足軒」と名付けたという。園内には勝夫妻の墓所のほか、勝が西郷を追慕するために建てた留魂詩碑などがある。

池は上から見ると長靴のような形をしている。池の南側、足裏のあたりに洗足池駅が位置し、電車で来るとこちらが入口となる。駅を出て目の前にすぐ公園という立地も魅力だ。

池沿いの遊歩道は一部途切れており、ぐるりと一周はできないが、通行止めの部分には日蓮聖人ゆかりの寺があって竹林が美しい。

29

色にあふれた「沼」っぽい風景に魅了される

石神井公園

練馬区

DATA

しゃくじいこうえん

㊒ 常時開園

㊡ なし　㊕ 無料

㋐ 西武池袋線 石神井公園駅から徒歩約7分

1. 池に突き出た小島には厳島神社が
2. 池の南側には石神井城跡も。鎌倉～室町時代にこの地を治めていた豊島氏の居城だ
3. 水辺にメタセコイアの並木道という組み合わせが美しい

　ワニが生息しているとだいぶ昔騒動になったのが懐かしい。巨大な三宝寺池の周りは鬱蒼とした密林のような雰囲気で、ワニが出てきてもおかしくなさそうなほどだ。

　池はかつては石神井川の水源として澄んだ湧水をたたえていた。沼沢《しょうたく》植物が生育し、国の天然記念物に指定されたが、都市化が進む中で失われた植物も数多いという。

　実は、通っていた高校がこの公園の近くだったのだが、大人になってから訪れたらずいんぶんと印象が違った。「池」というよりも「沼」と呼ぶ方がしっくりくる、というか。あえて喩《たと》えるならば、福島県にある五色沼《ごしきぬま》の風景と似ているという感想だ。

　水辺の木道を歩いて、池を一周してみよう。途中には神社や城趾など見どころも点在している。疲れたら、池畔にある休憩処に立ち寄るのもいい。売店兼食堂のような店で、座敷の店内に手書きのメニューが並ぶ。昭和っぽいレトロな空間がこの公園によく似合う。

石神井公園

紅葉も大変美しい。池の周りを
ぐるぐる歩くだけで満たされる。

30

水辺に立つ風車がメルヘンで素敵なのだ

浮間公園

板橋区

DATA
うきまこうえん
㊐ 常時開園
㊡ なし　㊮ 無料
㋐ JR 浮間舟渡駅から徒歩約1分

1. 2. バードウォッチングが楽しそう。11月中旬から下旬にかけて五百羽近いカモが飛来する
3. 気持ちのいい散歩道だ。一周といわず、二周、三周してもいい

水鳥が埋め尽くす池の向こうにメルヘンな風車が望めた。そのすぐ手前、水辺に設置された柵に自転車がもたれかかっている。オランダで見た風景にそっくりで懐かしくなった。

浮間公園は、浮間ヶ池を中心に整備された公園だ。すぐそばに荒川が流れているが、昔はここも荒川の一部だったという。昭和初期に水害対策のため改修され、築堤により残った部分がいまの池の原形となっている。

池にはヘラブナや鯉のほか、亀なども生息している。釣りができる池として無料開放されており、園内では釣りを楽しむ人の姿が目につく。北側はバードサンクチュアリとなっていて、付近には長いレンズを付けたカメラを手に野鳥観察をする人も。池の周りをぐるりと一周するだけなら三十分もあれば十分だが、つい寄り道したくなる感じがいい。

公園の一画にはサクラソウが植えられている。かつてこの一帯がサクラソウの群生地だった名残で、春の開花時期には名所となる。

自然探検 3 こぼれ話

遊び方は子どもが教えてくれる?

娘がどこかから枝を集めてきて、木の根っこの部分に立てかけていたので尋ねた。

「何をしているの?」

「ひみつきちをつくってる」

そんな答えが返ってきたから感心させられた。

ひみつきち——秘密基地か。

子どもは遊びの天才というが、本当にそうだと思う。何もなくて退屈そうな場所でも、創意工夫で娯楽を生み出してしまう。

自然の中にいると、のびのびと体を動かせることに加え、感性が育まれるという利点もある。

梅を見に行こうと誘ったときのことだ。

「ああ、あのポップコーンみたいな花ね」

その表現が、こちらが思いもしないものだったから驚かされた。言われてみれば、確かに梅はポップコーンに似ている。

大人に比べて人生経験が乏しいがゆえに、フラットな視点でものを捉えられる。一緒に自然探検していると、親であるこちらが勉強させられることも珍しくないのだ。

歴史に
ふれられる
公園

31

天然の要害を体験! 関東屈指の山城に登る

八王子城跡

八王子市

DATA

はちおうじじょうあと

㊐ 9:00～17:00

㊡ 年末年始　㊕ 無料

㋐ JR高尾駅 京王線高尾駅からバス。無料駐車場あり

1.麓にあるガイダンス施設が観光の拠点。城の成り立ちや城主・氏照について紹介されている
2.登山道の入口には鳥居が立っていた　3.山道なので、歩きやすい靴など最低限の装備は必要だ

登山初心者でも比較的挑みやすい。それでいて、登り終えたときに得られる達成感は大きく、さらには歴史にも触れられる。

八王子城は、関東地方屈指の規模を誇る戦国時代の山城だ。国指定の史跡であり、日本百名城にも選定されている。標高約四百四十メートルの深沢山《ふかざわやま》の周辺に延びる尾根や、細かく入り組んだ谷など、山の地形を利用して築かれた天然の要害（要塞）である。

現在は登山道が整備され、本丸があったとされる山頂まで歩いて登ることができる。個人差はあるものの、大人なら一時間もかからない距離だ。ちなみに運動不足な筆者の足でも約四十分で登頂できた。

道中には城の曲輪《くるわ》跡などの見どころが点在している。説明が書かれた案内板も随所に設置されているので、休憩を兼ねる形でそれらを読み進めていくと、この城がどんなところだったのかが体験的に理解できるのがいい。

八王子城は関東を制した北条氏の支城の一

4.登っていくと視界がパッと開けた　**5.**松木曲輪は眺望が素晴らしく、ベンチもあって休憩に最適。ここまで来たら本丸までもう少し　**6.**山頂である本丸に到着。平地部分が狭いため天守はなかったとされる。現在は小さな祠が立つ　**7.**八王子神社には氏照が城の守護神とした「八王子権現」が祀られている

つ。城主は三代目・北条氏康の三男・氏照《うじてる》。一五九〇年、豊臣秀吉による小田原征伐の際に、前田利家・上杉景勝《かげかつ》の大軍に攻められて落城した。以来、約四百年間放置されていたのを整備・復元し、一般公開されている。

天守を持たないため、「お城」と聞いて誰もが思い浮かべるような見た目の派手さとは無縁だ。単なる「山」といっていい。しかし、実戦を想定した要塞であったのだと考えると、腑に落ちるものがある。急峻な地形を身をもって体験すると、攻め手がいかに大変だったかが想像できるのだった。

氏照は、元々は滝山城（P126）を居城としていた。八王子城に移ったのは、秀吉の来攻に備えてのことだ。

滝山城も広大な城だったが、少人数での籠城戦には向かない。つまり、守備を強固なものにする目的があったわけだが、八王子城はわずか半日で落城している。

合戦時には、城主の氏照は小田原にいたた

8. 氏照の館があった御主殿跡へと続く「古道」は綺麗に整備されている
9. 復元された石垣は、土の中に400年間崩れずに残っていたもの
10. 生々しい言い伝えが残る御主殿の滝。落城時、水は三日三晩赤く染まったのだとか

め不在だった。結局この八王子城が落ちたことが契機となって北条氏は降伏。氏照は兄の氏政《うじまさ》と共に切腹して果てた。

本丸の少し手前に八王子神社があって、その近くの松木曲輪にはテーブルとベンチがいくつか用意されている。お弁当を食べるならここがオススメだ。視界が開けており、八王子市内を一望できる。冬の空気が澄んだ晴れた日には新宿新都心も見えるそうだ。

下山後は、麓の御主殿跡にも立ち寄りたい。氏照の館などがあったとされ、合戦時以外はこちらで生活していたという。石垣などが綺麗に復元されており、山中の風景よりもよりお城らしい雰囲気が感じられる。

発掘調査により中国製の磁器や、ベネチア産のレースガラス器などが見つかっている。結構優雅な暮らしぶりだったのだろうなぁと想像したが、落城時に御主殿にいた北条方の婦女子らは自刃して近くの滝に身投げしたのだと聞くと憐れな気持ちにもなった。

八王子城跡

発掘調査により、「御主殿」「会所」と推定される大型の建物礎石跡、池を中心とする庭園、敷石通路、水路等の遺構が発掘されている

32

英国のカントリーサイドを旅する気分で

駒場公園

目黒区

DATA

こまばこうえん
㊐ 洋館 9:00〜16:30／和館 9:00〜16:00
㊡ 洋館 月曜・火曜／和館 月曜　㊑ 無料
㋐ 京王井の頭線 駒場東大前駅から徒歩約10分

対比のため右ページに和館、左に洋館と写真を並べてみた。まったく違う雰囲気で興味深い

駒場公園にひっそりと立つ洋館。それが「旧前田家本邸」なのだと聞いて気になったのが、前田家ってどの前田家なのだろう、ということ。それで調べてみたら、予想通りというか、戦国時代の大名・前田家だった。加賀百万石で知られる、あの前田家である。

この地に本邸を構えたのは昭和五年、第十六代当主・利為《としなり》のとき。それまで本邸があった本郷の土地を、当時の駒場農学校（のちの東京帝国大学農学部）の土地と交換を行ったことがきっかけだ。公園は東京大学駒場地区キャンパスにほぼ隣接するような位置にある。

前田家が移転してきた頃の駒場は、草原が広がり、馬乗りを楽しめるようなところだったという。民家が密集する現在の風景からは想像できないが、公園内の豊かな自然からは牧歌的だった時代の名残が垣間見える。

洋館南側には広い芝庭もあって、地域住民の憩いの場となっている。かつてはここで園遊会なども行われたそうだ。利為は英国大使

森の中に古びた洋館という
組み合わせがいい

1. 正門から入ると広々としたアプローチが　**2.** 広い芝庭では園遊会も開かれたという
3. 公園内には日本近代文学館もある

館附《つき》武官としてロンドンへ駐在していた。英国貴族との交流を深める中で影響を受け、自身も貴族的な生活を楽しんだ。

　洋館がイギリスのカントリーハウス風の意匠でまとめられているのもそのためだ。国会議事堂の内装に使われたのと同じ日華石《にっかいし》に彫刻を施し、外壁にはスクラッチタイルが用いられている。戦後はアメリカ極東軍空軍司令官の官邸として接収されたが、現在は国の重要文化財に指定され一般公開されている。

　せっかく来たのだからと内部を見学したら、建物の広大さに驚かされた。地上三階、地下一階建て。各室に設けられた暖炉や、天井に吊られたシャンデリアなどは建築当時のままだ。装飾も華美で、上流階級の暮らしぶりが羨ましくなるのだった。

　洋館の隣には和館も建てられており、渡り廊下で結ばれている。大広間からは、四季折々の自然に彩られた日本庭園が見られる。和洋両方を一挙に楽しめるのは贅沢だ。

33

高級住宅街の古墳スポットを巡る

多摩川台公園・玉川野毛町公園

大田区・世田谷区

DATA

たまがわだいこうえん・たまがわのげまちこうえん

ア 東急多摩川線 多摩川駅から徒歩約1分・東急線 等々力駅から徒歩約10分

多摩川台公園古墳展示室

開 9:00〜16:30(入室は16:00まで) 休 月曜・年末年始 料 無料

1. フェンスの向こうの茂み部分が亀甲山古墳。周辺地域では最大の前方後円墳だ
2. 多摩川ビューのベンチで小休止　**3.** 古墳展示室にも立ち寄りたい
4. どれが古墳なのか分かりにくいものも。探しながらの散歩が楽しい。

多摩川沿いの、大田区と世田谷区が接するあたりは都内でも屈指の古墳地帯だ。いわゆる高級住宅街とされるエリアに、古墳が集まっているという事実がなかなか興味深い。

自然散策がてら古墳見学したいなら、田園調布にある「多摩川台公園」を目指そう。亀《かめの》甲山《こやま》古墳と宝萊山《ほうらいさん》古墳といった大型の前方後円墳のほか、古墳時代後期の古墳群が八基残る。細長い園内は雑木林の観察路が設けられ、高台にあるため見晴らしも素晴らしい。眼下に流れる多摩川の対岸に、武蔵小杉のタワーマンションが立つ風景が妙に現代的だ。

公園の入口付近には、古墳展示室がある。当時の姿を実物大で復元し、横穴式石室を再現。出土品のレプリカも展示されている。

川沿いに北上して世田谷区に入ると、「玉川野毛町公園」に野毛大塚古墳がある。高さ十一メートルの帆立貝式の前方後円墳だ。盛り上がった墳丘が大きな築山のようで、子どもたちの格好の遊び場となっていた。

34

旅立つ翼に旅への想いが募りまくる

武蔵野の森公園

府中市・調布市・三鷹市

DATA
むさしののもりこうえん
㊐ 常時開園 ㊡ なし ㊕ 無料
㋐ 京王線 西調布駅から徒歩約15分（南地区）
西武多摩川線 多磨駅から徒歩約5分（北地区）

1. 水鳥が羽を休めている池のすぐ後方に飛行場という不思議な光景
2. 園内の掩体壕。この中に戦闘機を隠していた　**3.**「展望の丘」からは飛行場が一望できる

数ある都立公園の中でも、とくにユニークな立地といえるだろう。調布飛行場に隣接している「武蔵野の森公園」。飛行場をぐるりと取り囲むような形で公園が整備されており、まるで園内に飛行場があるかのようだ。

調布飛行場が完成したのは戦時中。首都防衛のための陸軍基地として戦闘機「飛燕《ひえん》」が配備された。公園内には戦闘機を隠す格納庫だった「掩体壕《えんたいごう》」が二基、負の遺産としていまも残されている。意外と小さい印象も受けるが、一方で建設の際には地元の中学生が大勢動員されたという話を聞くと、暗い時代だったのだなぁと改めて思い知らされる。

現在の調布飛行場は、伊豆諸島への玄関口として知られる。伊豆大島、新島、神津島、三宅島へ定期便が就航しており、航空機の離着陸の模様を公園から見学できる。なかなか遠出はできない中、次々と飛び立っていく機体を見送りながら、旅の空へ想いを馳せる時間もまた悪くない。

35

孔子、釈迦、ソクラテスなど「哲学のテーマパーク」へようこそ

哲学堂公園

中野区

DATA
てつがくどうこうえん
㊐ 3/1〜9/30 8:00〜18:00　10/1〜11/30 8:00〜17:00　12/1〜2月末 9:00〜17:00
㊡ 12/29〜12/31　㊕ 無料　㋐ 西武新宿線 新井薬師前駅から徒歩約12分
または都営大江戸線 落合南長崎駅から徒歩約13分

1. 2. 本堂である四聖堂の正面にある哲理門。これをくぐって哲学世界へ
3. 三角形の小山に建てられた三角形をした「三学亭」　**4.** 図書館として使われていた「絶対城」

名前からしてユニークだが、行ってみて、ほかにはない個性的な公園という感想を持った。都心に近い中野にあるのも興味深い。

哲学堂公園は、哲学世界を視覚的に表現した公園だ。現在は中野区が管理しているが、元々は東洋大学の創立者であり仏教哲学者・井上円了《えんりょう》が全財産を投じて整備したもの。一万七千坪の広い敷地内には、哲学に由来する建物や石造物などが計七十七も存在する。

本堂正門にあたる「哲理門」をくぐると、広いスペースに出る。ここが園の中心となる「時空岡《じくうこう》」で、周辺には主要な建築物が立ち並ぶ。中でも一際目を引くのが、六角形をした朱塗りの塔。「六賢台」と呼ばれ、東洋の六賢人が祀られている。

ほかにも、本堂にあたる「四聖堂」や、円了が国内外を旅して蒐集した品々を展示する「無尽蔵」など、見どころは尽きない。

園は高低差のある地形を生かしてつくられている。哲学に浸りつつの自然散策は新鮮だ。

36

博物館のようで公園、公園のようで博物館

府中市郷土の森博物館

府中市

DATA
ふちゅうしきょうどのもりはくぶつかん
㊐ 9:00〜17:00
㊡ 月曜・年末年始　㊙ 300円
㋐ 京王線府中駅またはJR・京王線分倍河原駅からバスなど

紫陽花の名所をお探しの人もここへ

初めて訪れたのは夏の暑い日だった。敷地内に巨大な「水遊びの池」があって、小さな子どもでも遊べると聞いたのが訪問のきっかけだ。ところが行ってみると、水遊びできるかどうかは関係なく、この場所自体が途轍もなく自分好みな場所だった。

総面積は約十四ヘクタールにも及ぶ。一見すると公園のような空間だが、なんといってもここは「博物館」である。地域の地形や風土の特徴を表現した森の中に、歴史的な建物が立ち並んでいる。目的が水遊びだったから、「そういえばここ、博物館だったな」と行ってみてから気がついたほどだ。

逆に、「博物館」を期待して行くと、あまりの自然の豊かさに面喰らうかもしれない。四季折々の花々で彩られ、野鳥のさえずりが響き渡る。博物館のようで公園、公園のようで博物館。そんな不思議なスポットなのだ。

復元された歴史建築は全部で十種類。最も入口に近いのが旧府中尋常高等小学校だ。昭

府中は江戸時代は宿場町だった。
本館常設展示室のジオラマ

屋内の常設展示も充実。くらやみ祭を見に行きたくなった

和十年に建設され、北多摩随一の規模を誇った木造校舎だという。

そこから広い並木道を歩いた先に、大正ロマンを感じさせる建物が現れる。こちらが旧府中町役場。いずれもレトロな雰囲気で、写真に撮ると、とても絵になる。

別の年に、梅雨時に改めて訪れたら、紫陽花が見頃だった。約一万株を誇る紫陽花が、青や紫の淡い色合いで歴史建築を彩る様がまた大変美しい。六月もオススメだ。

本館の二階には屋内型の常設展示室もある。こちらは誰もが想像する「博物館」という感じで、知的好奇心を満たしてくれる。

展示内容はおもに、地元である府中の歴史に関するもの。かつて武蔵国と呼ばれた時代、この地は甲州街道の宿場町として栄えた。当時の街並みを再現したジオラマは、本格的なつくりで見応えがある。ほかにも、大國魂《おおくにたま》神社のくらやみ祭で用いるカラフルな万燈など、郷土の文化を紹介する展示が興味深い。

37

戦国の名城の在りし日に想いを馳せながら

滝山公園

八王子市

DATA
たきやまこうえん
開 常時開園
休 なし　料 無料
ア JR・京王八王子駅からバスなど

1. 空堀は当時はもっと深かったという　2. 標高は約160メートル。八王子城よりは気軽に登れる
3. 中の丸と本丸の間に架けられた木橋

「公園」となっているが、「城跡」と表現したほうがいいかもしれない。国の史跡で、続日本百名城のひとつ「滝山城」があった場所だ。近年は日本遺産にも認定されている。

城が築かれたのは十六世紀半ば頃。北条氏照が八王子城（106ページ）に移るまで、ここを居城としていた。園内に残る本丸、二の丸、千畳敷、空堀といった当時の遺構を巡りながら、山中の歴史ハイキングが楽しめる。

中の丸があった場所はとくに見晴らしがよく、多摩川の流れが望める。北側が崖になっているのはいかにも防御に適していそうだが、これは川によって削られたもの。

滝山城は当時、平山城《ひらやまじろ》としては東日本最大級の広さを誇ったという。河岸段丘を生かして縄張りされた堅城で、武田信玄の二万もの大軍をわずか二千で退けたとも伝わる。

園内を歩き回ってみると、地形がいかに複雑であるかが理解できた。寄せ手になった気分で、かつての名城を楽しく「攻略」したい。

38

閑静な住宅街に残る深林で財閥のお宝を鑑賞

静嘉堂文庫

世田谷区

DATA

せいかどうぶんこ

㊐ 10:00～16:30

㊡ 月曜 ※展示会期間以外は休館。常設展示なし　㊕ 1,000円

㋐ 東急田園都市線・大井町線 二子玉川駅からバスなど

1. レンガ造りの建物が元からある静嘉堂文庫　**2.** そしてその隣に立つ新館が現在の美術館だ
3. 庭園側には展望台も。見回すと、ここが住宅街の中にあることがわかる

野鳥のさえずりがやさしく響き渡る。住宅地に隣接しているとは思えないほど鬱蒼とした森林の風景に、どこかの山中にでも迷い込んだような気分になる。

――本当にこの先にあるのだろうか？

不安に駆られながら、長い坂道を自転車でゆっくりと登っていく。やがて視界がパッと開け、西洋風の瀟洒な雰囲気の建物が現れた。

その名を知ったのはつい最近だ。自宅から自転車でわずかに十分程度。ご近所といっていい場所にある。

にもかかわらず、これまで存在に気づいてすらいなかった。この街には、もう二十年近くも暮らしているのに。自分が住む地域を改めて見つめ直してみると、案外素敵な場所があるのだと思い知らされる。

静嘉堂文庫はどんなところかというと、美術館だ。およそ二十万冊の古典籍および六千五百点の東洋古美術品を収蔵している。

中でも目玉といえるのは、世界に三点しか

4

5

7

8

6

4. 岩崎家廟は建築家ジョサイア・コンドルが手がけた
5. 敷地内でもとくに目を引く、漢文が書かれた石碑　**6.** 斜面を降りたところには岡本公園民家園が
7. 明治期につくられた年代物の灯籠が歴史を感じさせる　**8.** 文庫裏手に立つ神社

現存していない中国・南宋時代の茶碗「曜変《ようへん》天目《てんもく》」。ほかにも、収蔵品には国宝や重要文化財も数多く含まれるという。

美術館そのものも見応えがあるが、一方で静嘉堂文庫の特徴ともいえるのが周囲の自然美だ。美術館は高台に立ち、斜面には庭園が設えられている。武蔵野の面影を残す森林の中を散策することもできる。作品鑑賞のついでに野山に触れられるのは魅力的だ。

静嘉堂文庫の創設者は岩崎彌之助と息子・小彌太《こやた》。彌之助は三菱を創業した彌太郎の弟で、同社の第二代社長でもある。「静嘉堂」とは彌之助の堂号。要するに、ここはあの三菱財閥の関連施設というわけだ。

敷地内にひっそりと佇む岩崎家廟も見どころのひとつ。ドーム状の屋根を持つ廟はジョサイア・コンドルが設計したもの。鹿鳴館やニコライ堂などを手がけたことで知られる建築家の作品が我が町にあることが分かり、密かに誇らしい気持ちになった。

39

こんな別荘で暮らしてみたくなるかも

殿ヶ谷戸庭園

国分寺市

DATA
とのがやとていえん
㊡ 9:00～17:00
㊎ 年末年始 ㊕ 150円
㋐ JR・西武線国分寺駅から徒歩約2分

1.崖線から湧き出る清水を用いて造られた「次郎弁天池」
2. 3.数寄屋造り風の茶室「紅葉亭」。崖下から見上げると存在感がある

「とのがやとと読みます。旧地名です」と入口に看板が出ていた。確かに知らないと読めない。「随宜園」という別名も持つ。これまた難読だが、「ずいぎえん」と読む。

　ここは三菱の社員で、貴族院議員も務めた江口定條《さだえ》の別荘だったところ。昭和初期に三菱の取締役・岩崎彦彌太が買い取り、回遊式林泉庭園として整備が行われた。

　三菱ゆかりの庭園というと清澄庭園（60ページ）に似ているが、こちらはより野趣にあふれた雰囲気だ。国分寺崖線の地形や湧き水を利用して、武蔵野の風景を取り入れている。竹林や萩のトンネルなども見物だ。

　行ってみて驚いたことが二つある。まずは駅からとても近いこと。これほど大規模な庭園が駅前にあるのは貴重だろう。

　そしてもう一つは、芝生の美しさ。かなり広大なのだが、雑草ひとつ生えていない。芝生の手入れの大変さは経験上、身に染みているから、密かに尊敬の念を抱いたのだった。

40

上ったり、下ったり、また上ったり

平山城址公園

八王子市

DATA

ひらやまじょうしこうえん
㊐ 常時開園
㊡ なし ㊕ 無料
㋐ 京王線 平山城址公園駅から徒歩約20分

1. 枯れ木の季節でも自然美を感じられる空間だ　2. 東園の展望広場からの眺め
3. 北中央口のそばにある季重神社

お城といっても戦国時代のものではなく、鎌倉時代となると途端にマイナー感が漂う。といっても、いい意味で、だ。自然が目当てなら、メジャーな史跡よりも知る人ぞ知るスポットのほうが空いていて好都合である。

城主は源氏方の侍大将・平山季重《すえしげ》。源義経に従い、一ノ谷の戦いなどで勲功を挙げたとされる。多摩丘陵の一画に位置するこの公園は見張所があった場所で、季重の居館自体は最寄の平山城址公園駅付近に存在していた。

とはいえ、ここはそういった歴史に興味がなくても満足できる。実際、複雑な地形がお城向けかなと少し思うぐらいで、お城の名残のようなものはほとんど見られない。

東西に長細い敷地は、東園と西園に分かれている。雑木林の散策路は、アップダウンを繰り返しながら続く。低地には湧き水を集めた池があったり、高台には見晴らしのいい展望台が設えられている。景色が単調ではなく、変化が楽しめるのが何よりいい。

自然探検 4 こぼれ話

家の中でも自然体験

近所のホームセンターの園芸コーナーが、例年よりも明らかに混雑していた。いわゆる巣ごもり需要だろうか。

考えることはみんな同じというわけだが、やはり自宅に緑が増えるとそれだけで癒やされるものだ。家にいる時間が長くなったのだから、なおさらである。

我が家でも鉢植えの数が増えた。旅が多い生活だったから、なるべく置かないように我慢していたのだが……（不在中に枯らしてしまいがちなので）。

一日中家で仕事をしているときなどは、日が差し込む位置にときどき移動させたりする。マメにケアしているうちに愛着が深まっていく。そのうち花に話しかけそうな勢いだ。

一緒に暮らしていると、植物が生き物であることが改めて理解できる。暑さや寒さに敏感だし、喉が渇くと元気もなくなる。当たり前の話だが、知識ではなく実体験することに意味がある。それらの積み重ねが、外で自然探検するときにも生きてくる気がするのだ。

東京のすごい植物園

41

かつてのゴミの島が熱帯植物の楽園に

夢の島公園

江東区

DATA

ゆめのしまこうえん

㋐ JR・京葉線 有楽町線・東京メトロ 新木場駅から徒歩約10分

夢の島熱帯植物館

㊐ 9:30〜17:00(入館は16:00まで) ㊡ 年末年始 ㊫ 250円

裏側から滝の流れを見る。なかなか刺激的な体験だ

凍えるような厳しい寒さの日に訪れるとありがたみが大きいのが、熱帯植物園。冬場でも自然に触れたいけれど、屋外は枯れ木ばかりで満足できないという人にもオススメだ。

都内にあるもののうち、とくに規模が大きいのが夢の島公園にある「夢の島熱帯植物館」だろう。昔からあるし、知名度も高いが、メジャースポットの割には実は意外と空いている。クリスマスシーズンの日曜に行ってみたら、驚くほど客がいなくて快適だった。

人が少ない理由として思い当たるのは、辺鄙な立地だろうか。湾岸エリアにあって、周囲は工場地帯。そもそも夢の島自体が、かつてはゴミの埋め立て処分地だった場所だ。夢の島＝ゴミの島というイメージがいまだに残っているのかもしれないが、現在では緑豊かな都市公園に生まれ変わっている。

公園の総面積は約四十三ヘクタールにも及ぶ。広大な園内で、最大の目玉といえるのが熱帯植物館だ。熱帯雨林をモデルとしてつく

これをくぐった先に何があるのか。ワクワクさせられながら冒険気分で見て回った

られた大温室に、約九百種類もの植物が生い茂る。温室内の暖房などに必要なエネルギーはすべて、隣接する新江東清掃工場から送られてくる高温水でまかなわれている。ゴミの島ならではの仕組みといえよう。

温室内は三つのドームにより構成されている。まず最初のAドームでは、熱帯の水辺を再現している。池には水生植物の巨大な葉が浮かんでおり、滝が音を立てて落ちている。興味深いのは滝の裏側を歩けること。いわゆる「裏見の滝」というやつだ。濡れそうなほどの近距離にまで近づけるのが楽しい。

続くBドームには、ニッパヤシの葉で葺《ふ》かれた南国風の東屋が立つ。南洋諸島の民族を思わせるエキゾチックな仮面が飾られた内部には、ベンチも置いてあって妙に寛げる。

東屋の周りには、原色の花々が咲き乱れ、バナナやマンゴー、スターフルーツといった果物が実を付けており、すっかり南国気分に。主要な植物には解説板が設置されているので、

夢の島公園

南国最高！
日本にいることを忘れそうになる

世界最大の花ラフレシアに驚嘆。実は昔マレーシアまで見に行ったのだが、
そのときはあいにく咲いていなかったのを思い出す

1. 2. 園内は広くスペースがゆったりしている。木陰にテーブルベンチが置かれたエリアもあるのでお弁当持参もオススメ　**3. 4.** 第五福竜丸の実物が置かれている。屋外にはエンジンの展示も

それらを読んで理解を深めるのも有意義だ。

最後のCドームには、主に小笠原諸島の植物が集められている。見どころは、まるでタコの足のような気根を持つことで知られる、島の固有種タコノキ。ドームを出たあとも、オーストラリア庭園や食虫植物温室、企画展示室など盛りだくさんで時間を忘れるほど。

植物館は都営のため、料金が格安なのもうれしい。都内にいながらにして、束の間のリゾート気分を味わえる貴重なスポットだ。

夢の島公園ではほかに、「第五福竜丸展示館」も見応えがある。ビキニ環礁での米国による水爆実験の被害を受けた同船。ビキニ環礁といえば、太平洋のマーシャル諸島に属する。地域的なことを思えば、ここも熱帯植物館と関連した施設という受け止め方もできる。

展示館では、第五福竜丸の船体の実物を見学できる。付属品や関係資料も展示されている。悲劇的な事件の経緯を改めて学ぶと、考えさせられるものがある。

42

東大の研究施設は日本最古の植物園

小石川植物園

文京区

DATA
こいしかわしょくぶつえん
㊐ 9:00〜16:30
㊡ 月曜　㊕ 500円
㋐ 都営三田線 白山駅から徒歩約10分

1. 入口でカリンの実を無料配布していた　2. レトロな建物は旧東京医学校本館
3. タイミンチクは存在感がある

正式には「東京大学大学院理学系研究科付属植物園」という。長い名前だが、要するに東大の植物園と理解すればいい。もっとも、通称である「小石川植物園」という呼び方のほうが一般的には馴染み深い気がするが。

注目すべきは、植物園でありながら国の史跡に登録されていること。小石川植物園は、十七世紀後半に江戸幕府が設けた「小石川御薬園」がその始まりとされる。実はここは、日本国内で最古の植物園なのだ。

実際に訪れた感想としては、まず驚いたのがその敷地面積の広さだ。約十六ヘクタール。都心にあることを思えば、贅沢な空間といえるだろう。

また、台地や傾斜地、低地、泉水地など地形が多様なので、同じ園内でもエリアによって全然違った風景が楽しめるのも魅力だ。そういう意味では、単なる公園ではなく、あくまでも植物園なのだといえる。

訪問するに当たって、自分の中で決めたテ

ソテツとイチョウの
コラボレーションは珍しい？

4.温室内はすべて鉢植え。そのせいか園芸店のような雰囲気も
5.～8.カラフルな世界を探しに

ーマが「色を探しに」だ。紅葉真っ盛りの季節だったこともあるが、色彩豊かな世界を体感できたのは、植物園の多様性のおかげだと感じた。園内の植物は約千五百種に及ぶ。加えて、温室でも約千百種を栽培している。

温室もまた、小石川植物園の大きな見どころだ。百二十年もの歴史を持つ由緒ある温室である。建物の新しさに目を奪われるが、これは建て替えを行ったため。現在の建物は二〇一九年から一般公開されている。

温室の中は暖かいので、冬はとくに天国だ。集められた植物は、熱帯や亜熱帯地方のものが中心。派手な原色の花を咲かせていたりして、パッと見の華やかさがある。

小石川植物園では、一般的な植物園の温室とは違い、ほとんどの植物が鉢植えなのがユニークだ。できるだけ多くの植物を管理し、個体識別を確実に行うためだという。いい意味で地味というか、いかにも大学の研究施設だなぁと感心させられたのだった。

43

メコン川からキナバル山まで旅する

熱帯環境植物館

板橋区

DATA
ねったいかんきょうしょくぶつかん
㊕ 10:00〜18:00
㊡ 月曜　㊑ 260円
㋐ 都営三田線 高島平駅から徒歩約7分

1. 2. ミニ水族館だけでも楽しすぎて時間を忘れる
3. 4. 南国風の建物はマレーハウス。中に展示されていたマレー凧に魅了された

「あれれ、水族館に来たんだっけ？」

　思わず目を疑ったのは、入館して最初に水槽が現れたからだ。ウナギのように胴体の長い魚が泳いでいる。アロワナもいる。メコン川など、東南アジアの河川の生き物を観察できる「ミニ水族館」なのだという。

　見学コースは地下から始まる。先へ進むと、やがて地上に出て、植物園らしい光景に変わった。館内は地上二階までの吹き抜け構造。天井はガラス張りで、採光に優れている。

　水面付近に広がるのはマングローブの森。上り坂に沿って熱帯低地林、集落景観と続き、最上部では東南アジア最高峰を誇るキナバル山など高山帯の雲霧林《うんむりん》を再現した冷室が用意されている。川底から山頂まで、少しずつ高度が上がっていく演出がユニークだ。

　実はこの植物園、『未来のミライ』というアニメ映画作品の舞台モデルと言われている。筆者も聖地巡礼を目的に訪れたのだが、東南アジアの旅気分も味わえて一石二鳥だった。

44

バラに心躍ったり、大温室でぬくぬくしたり

神代植物公園

調布市

DATA

じんだいしょくぶつこうえん
㊐ 9:30〜17:00
㊡ 月曜　㊕ 500円
㋐ 京王線 調布駅からバスなど

1.庭園とセットだと大温室が宮殿のようにも見える　**2.**開花時期には「バラフェスタ」も開催
3.大温室の前にあるカリヨン。時間になると鐘が鳴る

「つつじ園」「しゃくなげ園」といった風に、種類ごとに植物が集められているのが分かりやすい。まるで花の見本市のようである。広い敷地内には約四千八百種類、十万本・株の樹木が植えられている。

　初めて訪れたときは「ばら園」がお目当てだった。春と秋の年二回、それぞれ五千本を超えるバラが咲き誇る。花そのものの愛らしさに加え、シンメトリックに設計された沈《ちん》床《しょう》式庭園の造形美も見どころだ。

　噴水を取り囲むようにしてつくられた庭園の、後方に立つ建物は大温室。二度目は冬の寒い日に行ったのだが、中はあたたかくて天国のようだった。大温室は二〇一六年にリニューアル・オープンしている。

　ピクニックがてら遊びに来て、芝生広場でお弁当を広げるのもいい。広場中央に生えているススキのような植物に存在感があるが、これはパンパスグラス。珍しい植物が多く、居心地も最高だから、何度も足を運びたくなる。

45

日本一賑わう街の日本一小さな植物園

渋谷区
ふれあい植物センター

渋谷区

DATA

しぶやくふれあいしょくぶつせんたー

㈲ 10:00〜18:00

㉁ 月曜・年末年始　㊕ 100円

㋐ JR渋谷駅から徒歩約5分

1.緑を見下ろしながらの小休止。癒やされるのだ　**2.**ハーブガーデンでは香りも楽しめる
3.渋谷の一画にひっそりたたずむ

渋谷駅から明治通りを歩いて恵比寿駅へ向かう途中と聞いて、そんなところにあったっけ？　と驚いた。正確には通り沿いではなく、川を渡って路地に入るのだが、この界隈は個人的に高校生以来の馴染み深い地域だから、存在を見落としていたことに愕然とした。

渋谷清掃工場でゴミの焼却により生じる電力を活用した、温室型の植物園だ。こぢんまりとした規模ながら、内部は吹き抜け構造となっており、空間的な広さが感じられる。

バナナをはじめとした熱帯植物のほか、多肉植物や食虫植物など約二百品種が展示されている。旅好きとしては、イエメン・ソコトラ島の名物リュウケツジュが気になった。初夏に開かれるホタルの鑑賞会も人気だという。

一階がメインのグリーンガーデンで、二階は図書や映像などの学習エリア、三階はベランダにハーブガーデンがある。

「日本一小さな植物園」とのことだが、日本一の繁華街といえる渋谷にあるのが不思議だ。

46

城北中央公園

練馬区・板橋区

住宅地の中にある憩いの公園といった雰囲気だが、陸上競技場のほか、野球場が大小４種類もあるなど広大。敷地の一角には旧石器時代から平安時代にわたる複合遺跡も。奈良時代の萱葺き屋根の住居が復元されている。

47

八国山緑地《はちこくやま》

東村山市

狭山丘陵には公園が数多く、本書でもいくつか取り上げているがここはとくに穴場。土の遊歩道を歩き、池畔でリラックス。敷地内に埼玉との県境があって、散策しているうちに知らずと越境していたりするのがおもしろい。

48

和田堀公園

杉並区

善福寺川の流域に架かる12の橋にまたがる公園。和田堀池は野鳥が棲む楽園で、付近はとくに緑が深い印象だ。川沿いに整備されたサイクリングコースを走るのも楽しい。隣接する大宮八幡宮でお参りするのを忘れずに。

49

等々力《とどろき》渓谷

世田谷区

全長約１キロにも及ぶ、都区内では唯一の「渓谷」。入口は等々力駅の近くにある。石段を降りると別世界が広がっていて驚かされるはずだ。渓谷美を楽しみつつ、谷沢川沿いの遊歩道を進む。ゴールは等々力不動尊。

50

浅間山《せんげんやま》公園

府中市

雑木林に覆われた裏山のような存在だが、都立公園だけあって結構本格的。三つの頂をハシゴしながらの山歩きが楽しい。一番高い堂山で標高約80メートル。頂上付近には神社もある。駐車場がないお陰で空いている印象も。

51

汐入公園・東白鬚公園

荒川区＆墨田区

隅田川を挟む形で両岸に位置するが、両公園の雰囲気は異なる。東白鬚公園は災害対策に注力。火の粉を防ぐ目的で樹木が植えられた。江戸時代に火消が掲げた纏《まとい》のオブジェも。汐入公園は土手に遊歩道が続き視界が広い。

52

屋上庭園 豊島の森

豊島区

東京の高層ビルは屋上が緑化されていることも。豊島区庁舎の10階にある「豊島の森」もその一つ。地域の植生が学べる癒しの空間で、荒川水系の生き物を観察できる水槽も。外階段から下ると各階にもグリーンテラスが。

53

篠崎公園

江戸川区

緑地が少ない都内東側では貴重な存在。江戸川の河川敷に隣接しており、川の向こうは千葉県だ。平地の公園で、周囲に高い建物がないため、空が広く感じられる。紫陽花の名所として知られるが、早咲きの河津桜も見事。

54

矢川緑地

立川市

立川段丘を水源とする矢川沿いに広がる緑地で、面積は約2.1ヘクタール。上流部南には湿地帯、下流部北に樹林地が見られる。小規模ながら自然が保護されており、野鳥も多い。勾配はほとんどなく平らなので歩きやすい。

55

小峰公園

あきる野市

秋川丘陵の一画に位置し、手軽にピクニック＆ハイキングが楽しめる。尾根に沿ってぐるりと一周するコースが気持ちいい。時計回りに進み、標高336メートルの園内最高地点から急勾配の階段を下るのがスリリングだ。

TOKYO MAP

浮間公園
（P102）
舎人公園
（P32）
水元公園
（P86）
熱帯環境植物館
（P148）
都市農業公園
（P26）
赤羽
光が丘公園
（P38）
名主の滝公園
（P94）
城北中央公園
（P154）
旧古河庭園
（P52）
荒川自然公園
（P66）
石神井公園
（P98）
池袋
屋上庭園・豊島の森
（P155）
汐入公園・東白鬚公園
（P155）
哲学堂公園
（P120）
小石川植物園
（P144）
山手線
上野
荒川
篠崎公園
（P155）
吉祥寺
中央線
江戸川公園
（P48）
戸山公園
（P70）
大田黒公園
（P28）
秋葉原
総武線
新宿
皇居
猿江恩賜公園
（P30）
和田堀公園
（P154）
清澄庭園
（P60）
東京
駒場公園
（P112）
渋谷区ふれあい
植物センター
（P152）
羽根木公園
（P36）
渋谷
夢の島公園
（P138）
目黒天空庭園
（P68）
附属自然教育園
（P58）
砧公園
（P12）
台場公園
（P42）
品川
静嘉堂文庫
（P128）
林試の森公園
（P16）
等々力渓谷
（P154）
洗足池公園
（P96）
多摩川台公園・
玉川野毛町公園
（P116）
東京港野鳥公園
（P64）
多摩川
東京湾
平和の森公園・
大森ふるさとの浜辺公園
（P54）

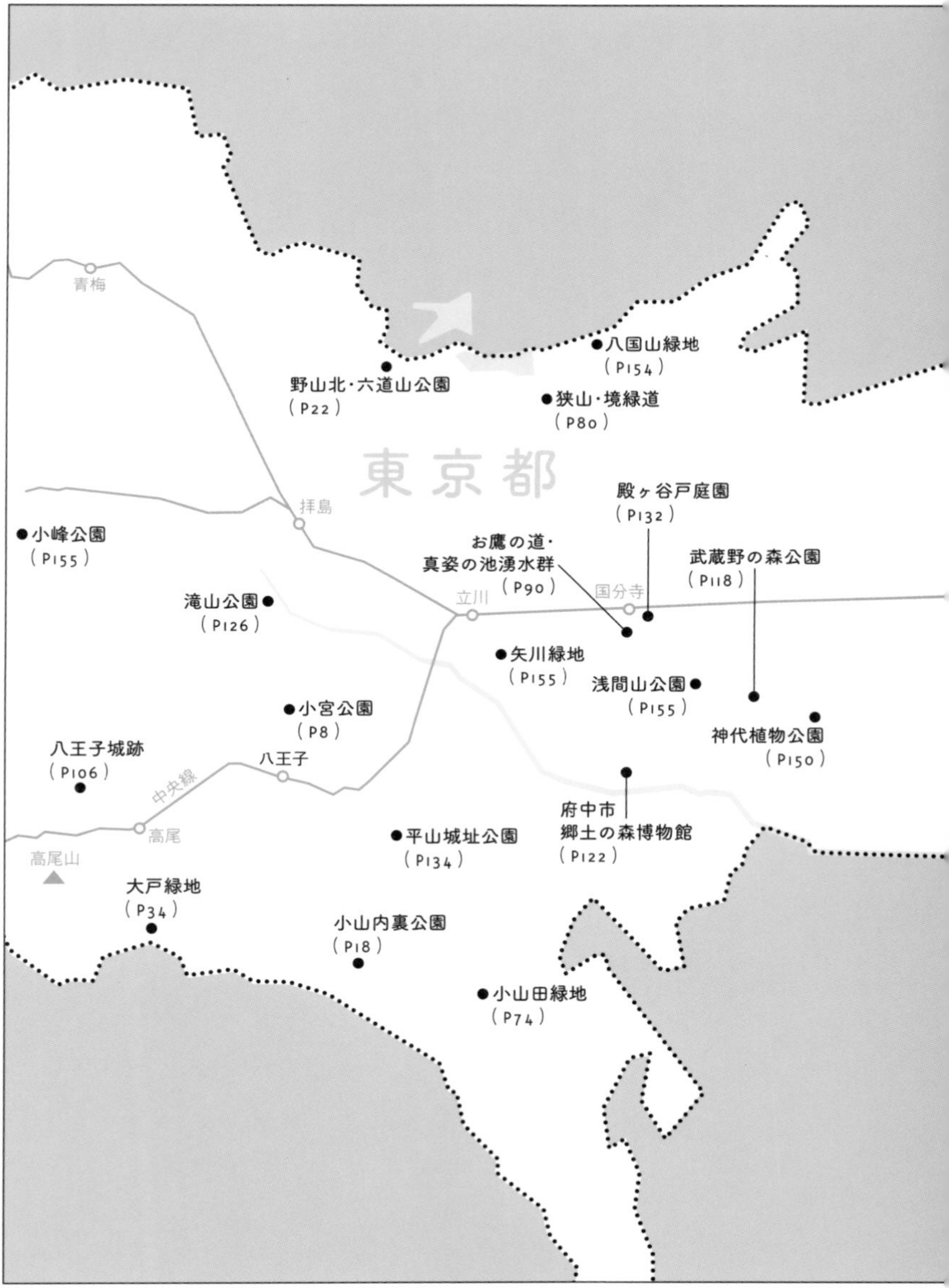

青梅
八国山緑地
(P154)
野山北・六道山公園
(P22)
狭山・境緑道
(P80)
東京都
殿ヶ谷戸庭園
(P132)
拝島
小峰公園
(P155)
お鷹の道・
真姿の池湧水群
(P90)
武蔵野の森公園
(P118)
国分寺
立川
滝山公園
(P126)
矢川緑地
(P155)
浅間山公園
(P155)
小宮公園
(P8)
神代植物公園
(P150)
八王子城跡
(P106)
八王子
中央線
府中市
郷土の森博物館
(P122)
高尾
高尾山
平山城址公園
(P134)
大戸緑地
(P34)
小山内裏公園
(P18)
小山田緑地
(P74)

おわりに

まだ三月になったばかりだというのに、早くもうららかな春の陽気が漂っている。今年は桜の開花が早そうだ。続いて訪れる新緑の季節も待ち遠しい。

本書は、これまで書いてきた旅の本とはいささか雰囲気が異なる。飛行機には乗らないし、ホテルにも泊まらない。美味しい食べ物の話などもほとんど出てこない。にもかかわらず、長い旅を終えたかのような達成感に包まれながらこれをいま書いている。

せっかくなので少し舞台裏を明かすと、掲載したほとんどの写真はこの一年の間に撮ったものだ。娘たちが写っているものもあるが、すべてのスポットに子連れで行っているわけではない。ざっと半々ぐらいだろうか。同じ場所を何度も再訪していたりもするが、同行者の有無によっても見える風景が変わってくるのは不思議だ。

改めて思うのは、東京が実は自然豊かな街であるということと。しかも、バラエティに富んでいる。山、森、林、草原、海、川、湖、池、沼、湿地など、探せばなんでもあることが分かったから、わざわざ遠出しなくてもいいのだと自分の考えを改めたほど。

「東京のポテンシャルに驚きました」

とは、本書を読んだ編集者の感想なのだが、まさにこの一言につきる。そうなのだ。東京は奥深い。都会ならではの刺激に加えて、癒やしもあることを知ったのは自分にとっても大きな発見だった。

最後に謝辞を。担当編集・佐藤暁子さんとは長い付き合いで、今回もまた自分にとって節目となりそうな作品を担当してくれて心強かったです。デザインを担当してくださった渋井史生さんにも心から感謝。そして、あちこち連れ回しても嫌な顔をせずついてきてくれる我が家の面々にありがとうと書いて、締めくくりとさせていただきます。

二〇二一年三月一日

ひなあられをこっそりつまみ食いしながら

吉田友和

大人の東京自然探検

森林・水辺・山・草原 etc.

2021年5月21日　初版第1刷発行

著　　者　吉田友和

発 行 人　山口康夫

発　　行　株式会社エムディエヌコーポレーション
〒101-0051　東京都千代田区神田神保町一丁目105番地
https://books.MdN.co.jp/

発　　売　株式会社インプレス
〒101-0051　東京都千代田区神田神保町一丁目105番地

印刷・製本　大日本印刷株式会社

●カスタマーセンター
造本には万全を期しておりますが、万一、落丁・乱丁などがございましたら、
送料小社負担にてお取り替えいたします。
お手数ですが、カスタマーセンターまでご返送ください。

●落丁・乱丁本などのご返送先
〒101-0051　東京都千代田区神田神保町一丁目105番地
株式会社エムディエヌコーポレーション カスタマーセンター　TEL:03-4334-2915

●内容に関するお問い合わせ先　info@MdN.co.jp

●書店・販売店のご注文受付
株式会社インプレス　受注センター　TEL:048-449-8040／FAX:048-449-8041

制作スタッフ
装　　丁　渋井史生
写　　真　吉田友和
イラスト　朝野ペコ
地図制作　尾黒ケンジ
校　　閲　古市雅則
編 集 長　山口康夫
担当編集　佐藤暁子

ISBN978-4-295-20140-3　C0026